Johann Georg Reißmüller

Die bosnische Tragödie

W0236159

Johann Georg Reißmüller

Die bosnische Tragödie

Deutsche Verlags-Anstalt
Stuttgart

Die Deutsche Bibliothek – CIP-Einheitsaufnahme

Reißmüller, Johann Georg:
Die bosnische Tragödie / Johann Georg Reißmüller. –
Stuttgart : Deutsche Verlags-Anstalt, 1993
ISBN 3-421-06657-4

© 1993 Deutsche Verlags-Anstalt GmbH, Stuttgart
Alle Rechte vorbehalten
Lektorat: Wolfgang Stammler
Umschlagentwurf: Atelier Reichert, Stuttgart
Gesamtherstellung: Friedrich Pustet, Regensburg
Printed in Germany

Inhaltsverzeichnis

9

Anstelle eines Vorworts:

Wie aus dem Tollhaus

Im serbischen Krieg gegen Bosnien
hat der Westen seine Glaubwürdigkeit verloren

Die falsche Politik der westlichen Mächte im Angesicht des grausamen Krieges in Europa stützt sich auf eine verbreitete Bewußtseinstrübung, welche die Regierungen dieser Mächte ständig zu vergrößern suchen: Ein beträchtlicher Teil des Publikums in Europa und Amerika nimmt nicht wahr, wie weit entfernt sich die »Jugoslawien«-Politik der Mächte von der Wirklichkeit und vom Gebotenen hält.

So vieles Absurde gilt als annehmbar oder normal. Seit bald zwei Jahren führt Serbien (zusammen mit Montenegro) Eroberungs- und Unterwerfungskriege gegen mehrere seiner Nachbarn. Serbien hat ganze Regionen Kroatiens besetzt, an der nichtserbischen Bevölkerung dort Völkermord verübt; es hat in den eroberten Gebieten die religiösen Stätten der Katholiken und Muslime zerstört, darunter berühmte Kulturdenkmäler; es hat auch die Behausungen der vertriebenen oder getöteten Bewohner dem Erdboden gleichgemacht, die Brunnen auf Jahrzehnte vergiftet, die Fluren verwüstet. In dieser ganzen Zeit ist auf das Territorium Serbiens (abgesehen von ein paar Granaten über die Save) kein Schuß, keine Bombe gefallen. Während in Kroatien und in Bosnien-Hercegovina Hunderttausende in Todesangst aus ihrer Heimat flohen, klagte in Serbien das Staatsvolk über Geldentwertung und zeitweiligen Benzinmangel.

11

Die westlichen Mächte taten, als sei es das Selbstverständlichste auf der Welt, daß Serbien vom Krieg, den es in der Position des militärisch weit Überlegenen führte, auf seinem Territorium unberührt bleibe. Nicht einmal gegen die in die Nachbarstaaten eingedrungene serbische Armee wollen die westlichen Staaten etwas unternehmen. Wann hat je ein Aggressor solche Sicherheit genossen? Die westlichen Regierungen behandeln diesen Vorteil Serbiens wie einen unter allen Umständen zu wahrenden Besitzstand. So sehr sind sie davon besessen, daß der Angreifer aller Gefahr enthoben sein müsse, daß sie bis heute den Angriffsopfern Waffen verweigern. Jedes Geschütz, das sie heute besitzen, haben sich der kroatische und der auf Reste zusammengedrückte bosnische Staat entweder vom Angreifer im Kampf geholt, oder sie haben es sich gegen den tätigen Willen der westlichen Mächte beschafft. Denn die in der Adria aufgefahrene Kontrollflotte der Westeuropäischen Union schneidet vor allem Bosnien und Kroatien von Waffenlieferungen ab. So soll es nach dem Willen der westlichen Regierungen bleiben.

In die von Serbien besetzten kroatischen Gebiete – ein Drittel des Staates – haben die Vereinten Nationen Truppen geschickt mit dem Auftrag, die serbischen Streitkräfte zu entwaffnen, der kroatischen Bevölkerung und Verwaltung die Rückkehr möglich zu machen. Aber nichts von alledem tun die UN-Verbände. Ihre militärischen und zivilen Oberen geben auch nicht zu erkennen, ob sie damit jemals beginnen wollten. Sie lassen es geschehen, daß in den Blauhelm-Zonen die Serben mit der ethnischen Säuberung fortfahren, serbische Bevölkerung ansiedeln, alles vernichten, was davon zeugt, daß hier bis vor kurzem Kroaten, Ungarn und Tschechen wohnten.

In den westlichen Staatskanzleien sieht man darin nichts, was der Rede wert wäre. Der Unmut richtet sich vielmehr gegen Kroatien, das die serbischen Eroberer und Massenmörder nicht länger auf seinem Boden ertragen will und nicht mehr imstande ist, Hunderttausende Flüchtlinge aus den von Serbien besetzten Gebieten zu ernähren. Als neulich kroatische Truppen die Serben an der Adria ein Stück zurückwarfen, damit Kroatien nicht weiter in zwei Teile zerschnitten sei, ohne Landverbindung, drohten westliche Regierungen mit Sanktionen. Die westlichen Regierungen haben an der serbischen Aggression gegen Kroatien und deren fortdauernden Folgen offensichtlich das Interesse verloren.

Und wie beschäftigen sie sich mit Bosnien-Hercegovina? Diesen völkerrechtlich anerkannten Staat hat die serbische Bevölkerungsgruppe, die zweitstärkste, in Gemeinschaft mit dem Aggressor Serbien nahezu vernichtet. Ihn wiederherzustellen, ist die Staatengemeinschaft gehalten. Das setzte voraus, die Aggression zu beenden, dem Aggressor die Kriegsfähigkeit zu nehmen. Aber davon wollen die westlichen Regierungen nichts wissen. Sie behaupten vielmehr, in Verhandlungen mit den serbischen Kriegsherren müsse Bosnien-Hercegovina national unterteilt werden.

Darüber ließe sich reden. Doch die bosnischen Serben kündigen ungeniert an, sie würden ihre Forderungen notfalls mit Gewalt durchsetzen und ohnehin hätten sie am Schluß nichts anderes vor als die Vereinigung ihres Anteils mit Serbien. Den Serben möchten die Westmächte viel, den Muslimen möchten sie wenig bosnisches Gebiet zuweisen. Daß sich damit Aggression als lohnend erwiese, geniert keine westeuropäische Regierung. Viel ist in westlichen Staatskanzleien die Rede von der Gefahr, »der Konflikt« könne auf das Amselfeld und auf Mazedonien übergreifen; dem sei vorzubeugen. Dabei geben sie mit ihrer Politik in Bosnien und Kroatien der Belgrader Führung die Gewißheit, sie könne sich noch weitere Gewaltstreiche leisten, niemand werde ihr in den Arm fallen.

Am liebsten sprechen die westlichen Politiker und Staatsmänner von dem, was am fernsten liegt: von einem Tribunal für Kriegsverbrecher in Bosnien. Dem bosnischen Serbenführer Karadžić, den das amerikanische Außenministerium obenauf auf einer künftigen Liste der Angeklagten sieht, hat es in der vorigen Woche ein Visum erteilt, damit er in New York mit seinen Opfern verhandeln könne. Leitet man so einen Kriegsverbrecherprozeß ein? Wie weit wollen die Westmächte diese Politik aus dem Tollhaus noch treiben?

9. Februar 1993

»Das angegriffene Volk der Serben«

Die Lüge vom Volk der Märtyrer

Die Gründe für den Krieg seien erloschen, weil mit der Stationierung von UN-Friedenstruppen die Serben in Kroatien vor kroatischen Angriffen geschützt seien. So begründete der serbische Präsident Milošević jüngst seine Zustimmung zum Waffenstillstand im Krieg gegen Kroatien.

Indessen, Kroatien hatte seiner serbischen Volksgruppe kein Haar gekrümmt; vielmehr hatten die serbischen Tschetniks aus Kroatien zusammen mit der serbischen »Jugoslawischen Volksarmee« Kroatien zuerst mit Terroraktionen, dann, zu Ostern 1991, mit Krieg überzogen. Kein kriegführender Staat gesteht ohne Zwang seine Schuld am Krieg ein. Doch gilt es üblicherweise nicht als nützlich, in der Darstellung so weit an der Wirklichkeit vorbeizugehen, daß selbst Einfältige mißtrauisch werden.

Der damalige jugoserbische Verteidigungsminister General Kadijević sprach um die gleiche Zeit davon, daß der Krieg der Armee aufgezwungen worden sei – von Kroatien. Dem Präsidenten Milošević und dem General Kadijević war schon im Sommer vorausgeeilt der Patriarch der serbischen orthodoxen Kirche, Pavle, als er sagte, die Serben müßten sich ihrer Haut wehren, sie dürften sich nicht wie Schafe abschlachten lassen. Damals hatten die serbischen Streitkräfte längst mit dem Terror in den von ihnen eroberten Gebieten Kroatiens begonnen. Im Namen des Patriarchen beklagte der serbisch-orthodoxe Bischof des Banats, Atanasije, im Dezember das Schicksal seines Volkes; er sprach vom »angegriffenen Volk der Serben«, von dessen unschuldigen Märtyrern für Jesus Christus, die unter den heutigen Machthabern Kroatiens genauso gepeinigt und ermordet würden wie unter den Kommunisten.

Die Behauptung über die Gegenwart war eine groteske Unwahrheit. Aber auch mit dem zeitgeschichtlichen Vergleich bewegte sich der Bischof auf dünnem Eis. Die serbische Minderheit in Kroatien war vom kommunistischen Regime in Zagreb nicht verfolgt worden; vielmehr stellte sie den rabiatesten Teil dieses Regimes. Die kommunistische Geheimpolizei in Kroatien hatte unter ihren Bediensteten aller Ränge weit mehr Serben, als dem Anteil dieser Volksgruppe entsprochen hätte. Mit einigem Recht betrachteten die Kroaten die Geheimpolizei als eine serbisch bestimmte Einrichtung. Auch in der gewöhnlichen Polizei und in der kommunistischen Staatspartei hatten die Serben unverhältnismäßig viel Personal und Macht. Nach der Niederschlagung des kroatischen Frühlings, Ende 1971 und in den Jahren danach, führten in Zagreb serbische Parteiführer das große Unterdrückungswort.

»Niemand darf jemals wieder einen Serben schlagen« – mit dieser Parole eröffnete Milošević, wie nun im Rückblick sichtbar wird, im März 1991 den serbischen Eroberungsfeldzug. Niemand hatte Serben geschlagen. Aber in der kroatischen Region Slawonien waren serbische Tschetniks und serbisches Militär längst dabei, ihnen mißliebige Kroaten zu mißhandeln und zu verschleppen. Aus dem serbischen Gebiet Sandžak waren schon am Jahresanfang Berichte und Bilder von Muslimen gekommen, welche die serbische Polizei grauenhaft zugerichtet hatte. Auf dem südserbischen Amselfeld ging die serbische Obrigkeit mit den Albanern, der Bevölkerungsmehrheit, um, als hätten sie keinerlei Menschenrechte. Seit Jahren brüllten in serbischen Städten fanatische Massen »Tod den Albanern«. Und dann das Wort, nie wieder dürfe ein Serbe geschlagen werden.

16

Als Bonn im Zuge der deutschen Sanktionspolitik das Verkehrsabkommen mit Serbien suspendierte, warf ein serbisches Regierungsmitglied Genscher vor, er praktiziere das »Recht des Stärkeren«. Dem Recht des militärisch stärkeren Serbien waren bis dahin Zehntausende Kroaten zum Opfer gefallen.

Im November fiel die kroatische Stadt Vukovar. Serbische Zeitungen und das serbische Fernsehen jubelten über die »Befreiung von Vukovar«. »Vukovar gehört uns und wird für die nächsten hunderttausend Jahre unser sein«, verkündete ein serbischer Tschetnik-Führer. Ein anderer griff noch weiter: Auch Osijek gehöre historisch dem serbischen Volk. – Beide Städte waren schon kroatisch, als Tomislav im Jahr 925 das kroatische Königreich begründete, und sie sind es bis in unsere Zeit geblieben. Die Machtgefühle machten nicht halt an den Grenzen dessen, was einst Jugoslawien war. Serbischer Vernichtungswahn richtete sich sogar gegen Österreich wegen seiner Kroatien und Slowenien geneigten Politik. Als ein Tschetnik-Oberer im bosnischen Banja Luka ausrief: »Wir werden alles tun, damit Wien ein zweites Hiroshima wird«, tobte die serbische Menge vor Begeisterung.

Serbien habe immer zu Europa gehört, behauptete sein Präsident Milošević im Sommer. Die Geographie hat ihre festen Begriffe und Größen. Doch gehört Serbien, wie es sich in seinem Krieg gegen Slowenien und Kroatien dargeboten hat, zur europäischen Kultur – da doch seine führenden Politiker, Militärs, Kirchenleute und offensichtlich der größere Teil seiner öffentlich wirksamen Intelligenz (unter ehrenwertem Widerspruch einer beherzten Minderheit) sich so weit entfernt bewegen von Vernunft, Humanität, Gerechtigkeit, Wahrhaftigkeit und auch von der Wirklichkeit?

In einem offenen Brief, den sechsundzwanzig Autoritäten des Kulturlebens in Serbien Ende Juli an die deutsche Öffentlichkeit richteten und in dem sie sich über eine antiserbische Einstellung in Deutschland beschwerten, ist von allen möglichen Vorgängen und Erscheinungen aus Geschichte und Ge-

autismus!

genwart die Rede, auch von der Existenz der »serbischen Nation in Europa«. Aber kein Wort findet sich darin zu dem
serbischen Krieg gegen Slowenien und Kroatien, kein Wort zu
den damals schon geschehenen serbischen Grausamkeiten an
wehrlosen kroatischen Zivilisten.

21. Januar 1992

Langmut für einen Aggressor

Serbien und die westliche Welt

Serbien behauptet, es sei Jugoslawien. In dieser durchsichtigen Verkleidung legt es ein Veto ein gegen die Aufnahme Kroatiens und Sloweniens in die Konferenz für Sicherheit und Zusammenarbeit in Europa (KSZE). Das könnte die Konferenz leicht überwinden. Jugoslawien ist untergegangen, kann also auch der KSZE nicht mehr angehören. Die Außenministerkonferenz hätte das festzustellen; dazu, welche der Nachfolgestaaten die Bedingungen für die Aufnahme erfüllen. Auf Kroatien und Slowenien trifft das zu, sie müßten also schon mit am KSZE-Tisch sitzen. So wäre es rechtlich und politisch richtig.

Die Mehrzahl der Mitgliedsländer war mindestens dafür, daß außer Serbo-»Jugoslawien« auch die beiden nördlichen Republiken der Konferenz angehören – eine Halbheit, doch immerhin ein großer, der entscheidende Schritt nach vorn. Aber auf der Prager Außenministerkonferenz der KSZE widersetzten sich dem einige Länder, voran die Vereinigten Staaten und Frankreich, an der Seite Serbiens. So müssen sich Kroatien und Slowenien fürs nächste mit dem Status von Beobachtern begnügen. Das bedeutet: keine Mitsprache, erst recht kein Veto-Recht, weniger Aussicht auf Schutz und Hilfe von der KSZE.

Mitte Januar wurden Slowenien und Kroatien von den Regierungen der Europäischen Gemeinschaft und von vielen anderen in der Welt anerkannt. Doch Serbien weigerte sich auch dann noch, den beiden Staaten die Herrschaft über ihren Luft-

19

raum zu überlassen. Die serbische Luftherrschaft bedeutete: Nur Flugzeuge der serbischen Armee durften über Kroatien und Slowenien fliegen; sie schossen ab, wen sie wollten – zum Beispiel einen Hubschrauber mit Beobachtern der EG; Slowenien und Kroatien blieben vom internationalen Luftverkehr ausgeschlossen. Slowenien hat Ende Januar seine Lufthoheit, aber nur bis zur Höhe von 6000 Metern, zurückbekommen, Kroatien immer noch nicht. Bis heute ist Zagreb nur auf dem Landweg zu erreichen. Wenn der kroatische Staatspräsident oder der Außenminister im Ausland zu tun hat, muß er mit dem Auto erst einen ausländischen Flughafen aufsuchen, was ebenso zeitraubend ist wie demütigend. Weder die EG noch die UN waren bereit, Serbien von dieser Dreistigkeit abzubringen.

Sie zeigen überhaupt Serbien gegenüber auffällige Langmut, nehmen Verbrechen, Vertragsverletzungen, Anmaßungen hin. Niemand fiel Serbien in den Arm, als es sich auf Slowenien stürzte. Niemand gebot ihm Einhalt, als es Kroatien mit einem Zerstörungskrieg überzog. Niemand hinderte Serbien daran, steinerne Zeugen der Kultur in Kroatien wie nach einem Einsatzplan zu vernichten. In keinem internationalen Gremium war bisher davon die Rede, daß Serbien für die Kriegsschäden aufzukommen habe – für die materiellen; den Zehntausenden Toten kann niemand das Leben wiedergeben. Die Prager KSZE-Konferenz Ende Januar verlangt, die für Gewalttätigkeiten und Verletzungen des Waffenstillstands im Kriegsgebiet Verantwortlichen seien nach dem Völkerrecht persönlich zur Verantwortung zu ziehen. Das ist ein verengter Personenkreis. Viel wichtiger wäre es, die zivilen und militärischen Führer Serbiens mitsamt dem politischen und technischen Personal wegen ihres Krieges und der im Krieg systematisch begangenen Kriegsverbrechen vor Gericht zu bringen.

Dafür ist indessen nichts vorbereitet. Eine Mitwelt, die Serbien ungestört einen Aggressionskrieg führen ließ, die Serbien nicht einmal energisch dazu anhielt, die am Tod der EG-Beobachter Schuldigen zu maßregeln, wird Serbien sicher nicht zwingen wollen, seine Kriegsverbrecher zu bestrafen. Die kroatische Justiz wiederum wird die Schuldigen nie in ihre Hände bekommen. Ein internationales Strafgericht gibt es nicht. Also ist auch jene Prager Willensbekundung der KSZE mit Skepsis zu betrachten; an ihrer Ernsthaftigkeit muß man zweifeln.

Über die Gründe, die Motive solcher Langmut wissen wir manches. Sie liegen zum größeren Teil in alten, eingerasteten politischen Orientierungen, zum kleineren in persönlichen, zum Beispiel geschäftlichen Interessen politisch mächtiger oder einflußreicher einzelner. Doch fehlen noch zu viele Teile im Puzzle, als daß man sich schon ein genaues Bild machen könnte.

Klarer zeichnen sich hingegen die Folgen ab, die es haben wird, wenn internationale Organisationen wie EG, UN oder KSZE Serbien gegenüber bei einer an Unterstützung grenzenden Untätigkeit bleiben. Nicht nur die Tschetnik-Oberen, sondern ebenso die Führer des serbischen Staates und der serbischen Armee wollen das von ihnen eroberte Territorium – etwa ein Drittel Kroatiens – für immer behalten. Nur mit Entschiedenheit und Ausdauer kann die Staatengemeinschaft Serbien zwingen, seinen Aggressionsgewinn aufzugeben.

Wie aber sollen die serbischen Politiker und Generäle Entschlossenheit von einer Staatengemeinschaft befürchten, von der sie zuvor immerzu Verständnis und Nachgiebigkeit erfuhren? Sie werden fortfahren, aus den eroberten Gebieten die Reste der kroatischen Bevölkerung zu vertreiben und dort Serben anzusiedeln. Bald werden sie sich darauf berufen, daß diese Regionen rein serbisch seien. Kroatien aber wird das nicht hinnehmen: Soll sich die brutale Aggression lohnen, soll das Aggressionsopfer amputiert bleiben? Hier wird neuer Konfliktstoff angehäuft. Eine Serbien geneigte Politik mehrerer Regierungen fügt das Ihre dazu.

Ebenso wie mit den Kroaten etwa in Slawonien verfährt Serbien mit den Ungarn in der eroberten kroatischen Landschaft Baranja. Die Ungarn in der serbischen Region Vojvodina, über eine halbe Million, werden malträtiert. Ihr Verband, die »Demokratische Vereinigung der Ungarn in der Vojvodina«, hat unlängst die Weltöffentlichkeit um Hilfe gerufen. Die Ungarn unter serbischer Herrschaft sind es gewohnt, den Kopf einzuziehen. Aber auch für sie gibt es eine Leidensgrenze. Und für Budapest gibt es eine Grenze, jenseits deren es serbische Mißhandlungspolitik nicht hinnehmen kann. Auch das müßte bedenken, wer heute Serbien den Rücken stärkt.

Als nächstes Objekt ihres Willens zur gewaltsamen Landnahme haben die serbischen Führer die Republik Bosnien-Hercegovina im Visier. Sie wollen entweder die Republik in ein neues Jugo-Serbien pressen oder, wenn das nicht gelingt, aus ihr Teile mit starker serbischer Bevölkerung herausschneiden. Das werden die Muslime, die größte Bevölkerungsgruppe, nicht dulden, weil sie dann in einem zerrissenen, nicht lebensfähigen Gebilde zurückblieben, serbischer Willkür ausgesetzt. Von Mazedonien fordern serbische Nationalisten schon jetzt einen nördlichen Streifen mit der Stadt Kumanovo; vielleicht wächst der Appetit auch hier noch. Beide Male besteht die Gefahr darin, daß der serbische Staat wiederum glaubt, er könnte sich Gewalt leisten. Wer ihn darin bestärkt, schafft ein Gefälle zu weiteren Kriegen.

Wie soll schließlich die Unterdrückungspolitik des serbischen Staates gegen die Albaner auf dem Kosovo jemals aufhören, wenn dieser Staat sich so großen Wohlwollens in der politischen Klasse mehrerer westlicher Staaten erfreut? Die menschenunwürdig behandelten Amselfeld-Albaner werden nicht ewig stillhalten. Eines Tages werden sie sich erheben, um sich von ihren serbischen Peinigern zu befreien. Längst hätten die Vereinten Nationen, hätte auch die EG mit Sanktionen gegen das serbische Terror-Regiment auf dem Kosovo einschreiten müssen. Die serbische Führung sah, daß ihr wegen des Kosovo niemand in der Welt Schwierigkeiten machte. Auch das ermutigte sie, gegen Slowenien und gegen Kroatien loszuschlagen. Es ist höchste Zeit, daß die Staatengesellschaft zu einer verantwortbaren Politik gegenüber dem gewalttätigen Staat Serbien findet.

7. Februar 1992

Erst Kroatien, nun Bosnien –
und die Welt schaut zu

Lange noch wird sich der Jugoslawien-Irrtum vieler westlicher Staatsmänner rächen. Sie waren so verrannt in die wirklichkeitsfremde Vorstellung, der Belgrader Vielvölkerstaat müsse aufrechterhalten werden, daß sie ihre historische Aufgabe erst nicht erkannten, dann von sich wiesen: Serbien war von einem Angriffskrieg gegen Kroatien und Slowenien abzuschrecken, ein gewaltloses Auseinandergehen der Völker zu sichern.

Weil sie das versäumten, stehen Europäische Gemeinschaft und Vereinte Nationen jetzt vor kaum überwindbaren Schwierigkeiten. Sie müssen sehen, wie sie die von Siegeserlebnissen anmaßend gewordene serbische Armee dazu bekommen, daß sie mit dem Beschießen kroatischer Städte endlich ganz aufhört; daß sie nach und nach das von ihr besetzte Drittel Kroatiens verläßt; daß die mit der Armee verbundenen serbischen Tschetnik-Einheiten sich auflösen. Sollte das alles gelungen sein, wäre eine politische Regelung zustande zu bringen, die Kroatien einen Schutz gibt vor neuerlicher serbischer Aggression – es geht vor allem um durchgreifende Abrüstung Serbiens, um militärisches Gleichgewicht –, ein Nebeneinanderleben von Serben und Kroaten in den traditionell gemischtnationalen Regionen beider Staaten als möglich erscheinen läßt und äußerstenfalls einen Austausch von Gebieten und Bewohnern vorsieht. Hinzukommen müßte serbische Kriegsentschädigung für Kroatien, dessen fruchtbarste Gebiete verwüstet sind und dessen Wirtschaft am Boden liegt.

Vor solchem Auftrag scheuen viele westliche Politiker noch zurück. Sie wenden ein, Serbien werde zum Mittun nicht zu gewinnen sein. So viel Verständnis für einen brutalen Aggressor verwundert. Mit dem Irak, dessen Angriffskrieg nicht mehr Opfer verursachte als der serbische, geht die Welt anders um. Sie zwingt ihn mit Drohungen und einer Blockade zum Abrüsten, sie treibt von ihm Reparationen für das überfallene Kuweit ein. Die amerikanische Regierung spricht sogar offen davon, daß sie Saddam Hussein zu stürzen suche. Serbien hingegen wird behutsam behandelt. Von Zwang und Drohungen keine Spur. Die geringfügige Wirtschaftsblockade, zu der sich westliche Länder schließlich bereitfanden, wird wie ein Fehltritt verschwiegen. Dem serbischen Präsidenten Miloševic hat der EG-Beauftragte Lord Carrington vor Publikum herzlich die Hand geschüttelt. Daß die serbische Regierung, vom verstärkten kroatischen Widerstand an den Fronten und von Demoratisierung im eigenen Land nachdenklich geworden, der Stationierung von UN-Einheiten auf kroatischem Boden zustimmte, wird ihr überall im Westen als Friedenstat hoch angerechnet. Niemand in den Staatskanzleien stört sich merkbar daran, daß Serbien sich seines Eroberungskrieges rühmt. Doch daß der Westen sich das anhört, als sei es das Natürlichste von der Welt, muß das Bemühen um einen Modus vivendi zwischen Serbien und Kroatien erschweren.

Eine solche Politik wird auch in Bosnien-Hercegovina einer tragfähigen Lösung nicht dienen. Hier hatten die Serben wiederum herrenhafte Ansprüche erhoben: Das Votum der klaren Mehrheit für die Unabhängigkeit gelte nichts; die serbische Bevölkerungsgruppe müsse ihren eigenen Staat haben, der größte Teil des Territoriums gehöre ihr. Dann klang es gedämpfter. Die Belgrader Armee und der Belgrader Staat waren soeben in Kroatien an die Grenzen ihrer Kriegführungsmacht gestoßen. Sie sahen auch, daß in der Welt die Neigung wächst, Bosnien-Hercegovina anzuerkennen wie vordem Kroatien und Slowenien. Einige besonnene Serben in Sarajevo rieten ab von der Politik der maßlosen Forderungen und der physischen Mittel. Doch niemand weiß, ob sie sich durchsetzen werden.

Die Gefahr eines gewaltsamen Konflikts in Bosnien-Hercegovina ist nicht vorüber. Deshalb täten die UN gut daran, auch dort Truppen zu postieren – jetzt, nicht erst, wenn vielleicht auch in diesem Staat ein Krieg tobt. Aber die Weltorganisation will im untergegangenen Jugoslawien offenbar immer erst dann gewalthemmend auftreten, wenn das Schlimmste schon passiert ist. Wenigstens richtet sie das Hauptquartier ihrer Verbände für Kroatien in Sarajevo ein. So ist UN-Militär auch dort präsent; das mag auf Kriegswütige abkühlend wirken.

Ziel aller Anstrengungen der Staatengemeinschaft ist es, Bosnien-Hercegovina zu erhalten. Das hat gute Gründe. Eine Teilung des Landes, wie immer die Schnitte gelegt wären, brächte die Gefahr, daß der angehäufte nationale Konfliktstoff explodierte. Die Bevölkerung der meisten Regionen ist national durchmischt. Aber auch die Lostrennung eines national einfarbigen – serbischen oder kroatischen – Gebietes könnte leicht zu einer Kettenreaktion von Abspaltungen und Gewalttätigkeiten führen.

Bosnien-Hercegovina wird die EG und die UN noch lange beschäftigen. Die nächste Aufgabe wartet schon: der gewaltsamen Unterdrückung der albanischen Bevölkerung auf dem südserbischen Amselfeld (dem Kosovo) muß ein Ende gesetzt werden. Was dort vorgeht, darüber herrscht in der Welt vollständige Klarheit. Doch zu Schritten, die Serbien zur Umkehr bewegen, findet sich niemand bereit. Die EG müßte Serbien mindestens wissen lassen, daß es von ihr nicht das mindeste wirtschaftliche Entgegenkommen zu erwarten hat, solange auf dem Kosovo uneuropäische Verhältnisse herrschen.

Das untergegangene Jugoslawien stellt Europa, die ganze Staatengesellschaft vor schwierige Fragen. Wer im Konflikt zwischen Serbien und Kroatien auch heute noch falsch orientiert ist, hat es schwerer, in Bosnien-Hercegovina und auf dem Amselfeld die richtigen Antworten zu finden.

13. März 1992

Noch ist das Feuer nicht gelöscht

Bosnien, Mazedonien und Kosovo könnten gerettet werden

Von dem Konfliktfeld, das einst Jugoslawien hieß und nun mehrere Namen trägt, fühlen sich viele europäische Staatsmänner überanstrengt. Aber ein Ausruhen wird es so bald nicht geben. Das Feuer brennt noch und droht auf neue Quartiere überzugreifen.

Noch immer führt Serbien Krieg gegen Kroatien. Die Armee dringt zwar nicht mehr vor, aber sie verwüstet mit ihrer schweren Artillerie kroatische Städte. Niemand weiß, ob sie damit aufhören wird, wenn die UN-Truppen überall Posten bezogen haben. Es könnte auch sein, daß sie dann weiterschießt, mit dem Ziel, die Soldaten mit den blauen Helmen zu vertreiben. Solches Kalkül wäre nicht abwegig. Die Vereinten Nationen selber gaben dazu Anlaß, als sie sich darauf festlegten, ihre Einheiten nur unter der Voraussetzung nach Kroatien zu entsenden, daß dort die Kämpfe beendet seien. Damit war der Schutz des bedrängten Kroatien von serbischem Willen abhängig gemacht. Wenn wir den Krieg fortsetzen, könnten sich die serbischen Führer sagen, werden die UN-Truppen nicht kommen oder abziehen, und wir sind ungestört.

Daß niemand der serbischen Armee in den Arm fällt, ermutigt die Führer der serbischen Volksgruppe in Bosnien. Sie drohen mit einem blutigen Krieg für den Fall, daß die Staatengemeinschaft die Republik Bosnien-Hercegovina völkerrechtlich anerkenne. Blutige Gewalt haben serbische Kriegsheere nun viele Monate vorgeführt. Wie lange will die zivilisierte Welt sich die Untaten noch anschauen, die Drohungen noch

27

anhören? Längst hätte der Sicherheitsrat der Vereinten Nationen dem serbischen Staat und den serbischen Organisationen in anderen Staaten Einhalt gebieten müssen.

Extremistische Serben in Bosnien-Hercegovina sind in Versuchung, zu Gewalt zu greifen, solange die serbische Armee Bosnien-Hercegovina besetzt hält. Diese Armee steht jedem Bemühen um Frieden im Weg. Die Nachbarn Serbiens können sich erst dann sicher fühlen, wenn ihr die Angriffsfähigkeit genommen ist. Belgrad unter Abrüstungsdruck zu setzen steht deshalb unter den Aufgaben der internationalen Gemeinschaft obenan.

Doch daran ist jedenfalls so lange nicht zu denken, wie die Vereinigten Staaten zögern, auch nur Slowenien und Kroatien anzuerkennen. Die Regierung in Washington verhindert, daß die von Serbien mit Krieg überzogenen oder bedrohten Staaten in die Vereinten Nationen aufgenommen werden und damit allen Schutz gegen Aggression erlangen, den die Weltorganisation ihren Mitgliedern gewähren kann. Diese Erfahrung gräbt sich in Europa tief ins Bewußtsein.

Aus Mazedonien, im Süden, zieht sich die jugoserbische Armee zurück. Die Republik hat sich für unabhängig erklärt, aber der internationalen Anerkennung stemmt sich Griechenland entgegen, das weder von einer mazedonischen Nation noch von einem mazedonischen Staat etwas wissen will und mit Serbien auf gutem Fuß steht. So ärgerlich die Athener Halsstarrigkeit auch ist – man darf nicht vergessen, daß die EG am 16. Dezember nur deshalb die Anerkennung Kroatiens und Sloweniens beschließen konnte, weil Athen, gegen seine Neigung, mittat. Darum möchte die Gemeinschaft jetzt Griechenland für ihre Mazedonien-Politik mit geduldigem Zureden gewinnen, ohne Pressionen. Mazedonien soll zu einem baldigen guten Ausgang dadurch beitragen, daß es mit Griechenland einen Vertrag über die Anerkennung der Grenzen schließt.

Das ist vernünftig. Die Athener Regierung aber läßt gegenüber Mazedonien Vernunft vermissen. Wenn sie so fortfährt, wird der vom Norden wie vom Süden bedrängten kleinen Republik nichts übrigbleiben, als Schutz und Hilfe bei Bulgarien zu suchen. Sofia wird dann nicht zögern, das ethnisch-kulturell verwandte mazedonische Nachbarvolk so eng wie möglich an sich zu binden. Am Ende könnte entstehen, was Griechenland, seit es sich von türkischer Herrschaft befreite, am meisten gefürchtet hat: ein Groß-Bulgarien, das vom Schwarzen Meer bis fast an die Adria reicht.

Alle Gründe sprechen dafür, die Eigenstaatlichkeit Mazedoniens nicht länger zu behindern, auch nicht mit Stammtisch-Redensarten von Kleinstaaterei, die nicht zum großräumigen Europa passe. Ins große Europa streben alle Nationen, die sich von der Belgrader Herrschaft befreit haben. Für die nächste Zeit aber macht ihnen nur der eigene, von der internationalen Gemeinschaft garantierte Staat ein Leben in Würde möglich.

Zu Europa werden eines Tages auch die Albaner auf dem Amselfeld (Kosovo) gehören. In welcher politischen Gestalt, das hängt vor allem davon ab, wie lange dieses Europa, wie lange auch die Vereinten Nationen Serbien noch erlauben, die Volksgruppe wie ein Kolonialvolk gewaltsam niederzuhalten. Den Kosovo-Albanern, die in ihrer Region die große Bevölkerungsmehrheit sind, steht mindestens zu, daß Serbien die gewaltsam aufgehobene Autonomie des Amselfeldes wiederherstellt. Geschieht das nicht bald, wird eines Tages keine Macht der Welt sie von der vollständigen Trennung abhalten. Das heutige Albanien in seinem Elend verlockt kaum einen Albaner auf dem Kosovo. Doch solche Misere dauert nirgends auf der Welt ewig. Auch könnten die Albaner des Amselfeldes sich dafür entscheiden, einen zweiten albanischen Staat zu gründen, der mit dem ersten soviel Zusammenarbeit pflegte wie möglich, im übrigen aber seinen Weg ginge.

Darum ist auch das Kosovo ein Eilfall für die Staatengemeinschaft. Das ehemalige Jugoslawien wird ihr noch viel Mühe abverlangen.

30. März 1992

29

Spät – zu spät?

Die Anerkennung Bosnien-Hercegovinas

Die EG hat sich für die völkerrechtliche Anerkennung der Republik Bosnien-Hercegovina entschieden. Diesmal lassen sich die Mitgliedstaaten mit dem Ausführen nicht soviel Zeit. Auch revidiert Amerika endlich seine Verweigerungspolitik. Doch der EG-Beschluß kam gefährlich spät. Die Serbenführer in Bosnien haben das schier endlose Zögern der westlichen Welt als Zeichen dafür genommen, daß sie nach Belieben handeln könnten. Beliebt hätte ihnen ein scheinsouveränes, serbisch beherrschtes Bosnien-Hercegovina. Da das schwer erreichbar ist, zerschlagen sie die Republik, wobei sie das weitaus größte Stück an Serbien anschließen wollen. Zu diesem Zweck führt die serbische Armee einen weiteren Krieg. Mit allen erdenklichen wirtschaftlichen und politischen Sanktionen müßte die westliche Staatengemeinschaft dieser Kriegsmacht, die zu einer Plage Europas geworden ist, den Angriffswillen nehmen. Aber einige Länder, Frankreich zum Beispiel, können es nicht abwarten, daß die ohnehin jämmerlichen Sanktionen der EG gegen Serbien aufgehoben werden.

8. April 1992

Ohnmächtiges Bosnien

In Bosnien-Hercegovina erteilt sich das Staatspräsidium besondere Vollmachten. Doch was nützen Vollmachten einer ohnmächtigen Staatsführung? Den größeren Teil der Republik

beherrschen serbische Streitkräfte. Die bosnische Territorialverteidigung, die das Präsidium sich unterstellt hat, kann nicht
viel ausrichten, weil die »Jugoslawische Volksarmee« ihr die
Waffenlager ausgeräumt hat. Diese Armee erobert bosnische
Städte und übergibt sie serbischen Anführern. Anderes war von
ihr nicht zu erwarten, sie ist eine Streitmacht Serbiens. Hier
und da tritt die Volksarmee wie eine ordnende Truppe auf –
solange es den Generalen zweckmäßig vorkommt. Dies ist der
dritte Krieg, den Serbien seit Ostern 1991 führt. Er wird vielleicht noch viel mehr Menschenleben kosten, noch mehr
Zivilisation zerstören als der vorangegangene gegen Kroatien.
Denn die bosnischen Muslime werden Hilfe von draußen
bekommen. Die Volksarmee aber verkündet, wenigstens noch
ein halbes Jahrzehnt werde sie in Bosnien-Hercegovina bleiben. Wann endlich wird solche mörderische Selbstsicherheit
zu einem Fall im Sicherheitsrat der Vereinten Nationen?

10. April 1992

Keiner Fliege

Die »jugoslawischen« Streitkräfte in Bosnien-Hercegovina täten keiner Fliege etwas zuleide, sofern sie nicht angegriffen
würden. So spricht der serbische General Kukanjac. Bosnien-
Hercegovina ist ein unabhängiger Staat, serbisches Militär hat
dort nichts zu suchen. Doch davon spricht der General nicht.
Statt dessen sucht er die Welt darüber hinwegzubelügen, daß
die serbische »Volksarmee« gegen Bosnien-Hercegovina einen
Krieg zum Erobern und Zerstören führt wie vordem in Kroatien. Vordem? Die serbische Artillerie verwüstet Kroatien
immer noch mehr, weder dort noch in Bosnien-Hercegovina
hindert jemand sie am Töten und Vernichten. Zufrieden betrachten die zivilen und militärischen Führer in Belgrad, wie
ihr Zerstörungswerk fortschreitet. Mit besorgter Miene sagt
der UN-Abgesandte Vance, der Weg zum Frieden sei schwierig.

31

Aber der Friede ist unerreichbar, solange die Staatengemeinschaft sich ihrer Aufgabe im untergegangenen Jugoslawien
verweigert: Serbien mit allen ihr zu Gebote stehenden Druck-
mitteln zur Auflösung seiner Aggressionsarmee anzuhalten,
die der übelste Friedensstörer im heutigen Europa ist.

18. April 1992

Motive einer falschen Politik

Warum standen die meisten westlichen Staaten so lange auf der Seite Serbiens, warum verweigerten sie so lange Slowenien und Kroatien, danach Bosnien-Hercegovina und Mazedonien selbst bescheidene Unterstützung? Die Gründe sind vielfältig, doch einige kehren immer wieder.

Demokratische Linke aller Schattierungen waren einst vom Tito-Staat angezogen. Sie sahen im System der jugoslawischen Arbeiterselbstverwaltung mindestens die Anfänge eines demokratischen Sozialismus, eines »Dritten Weges« zwischen Kapitalismus und Kommunismus. Außerdem glaubten sie, in Jugoslawien sei die – ihnen leidige – nationale Frage jedenfalls so weit erledigt, daß sie den »gesellschaftlichen Fortschritt« nicht mehr aufhalten könne. Beides war falsch. So erklärt es sich, daß die linksdemokratischen Parteien der westlichen Länder ganz überwiegend Jugoslawien auch dann noch erhalten wissen wollten, als es schon zerbrochen war. Und darum suchten sie auch Serbien zu stützen, das ebenfalls an »Jugoslawien« festhielt. Darin bestärkte sie, daß sie in Kroatien und Slowenien wenig politische Verwandtschaft hatten, schon weil es dort bis jetzt nur schwache sozialdemokratische Parteien gibt.

Breiter als ideologisch begründete wirkten vergangene Allianzbindungen, manchmal mit Persönlichem vermischt. Frankreich war im Ersten Weltkrieg mit Serbien verbündet und wirkte danach an erster Stelle daran mit, daß der großserbische Staat entstand, der sich später Jugoslawien nannte. In ihm sah es einen Vorposten auf dem Westbalkan, der Italien am Ausgreifen in diese Region hindern sollte. Als Mitglied der Kleinen Entente war Jugoslawien außerdem Teil des Überwachungs- und Sperriegelsystems gegen Österreich, Deutschland und Ungarn. Im Zweiten Weltkrieg setzte der serbische Tschetnik-Führer Mihajlović auf die Westmächte, die sich dann aber dem stärkeren Tito zuwandten. Tief sitzt im französischen Bürgertum die Sympathie für die serbischen Tschetniks, für Serbien und auch für ein serbisch bestimmtes Jugoslawien.

Das kommunistische Jugoslawien galt den Westmächten am Beginn des Kalten Krieges als Gegner. Aber dann brach Stalin mit Tito. Der suggerierte Generationen westlicher Staatsmänner, er stehe zwischen Freiheitlichkeit und Kommunismus, neige insgeheim sogar jener zu. Dieser Irrtum war das bürgerliche Seitenstück zu dem ideologischen Aberglauben an einen demokratischen Sozialismus in Jugoslawien. Linke und rechte Demokraten in der Welt haben einander in der jugoslawischen Affäre wenig vorzuwerfen.

So konnte es niemanden aus heiterem Himmel treffen, daß Mitterrand ins Gedächtnis rief, Frankreich und Deutschland hätten in der Geschichte in Jugoslawien unterschiedliche Bündnisse gehabt. Oder daß der amerikanische Botschafter in Belgrad die Jugoslawien-Politik Washingtons auch mit dem Hinweis erläuterte, in zwei Kriegen hätten die Vereinigten Staaten an der Seite von Serben gekämpft (was die Wirklichkeit verzerrt), und diese historische Erinnerung hielten sie in Ehren. Ähnliche Motive gab es offensichtlich in London.

Schwerer fällt es zu erklären, warum die italienische Regierung so beharrlich Kroatien und Slowenien politischen Bestand verweigerte. Nicht nur sozialistische Befangenheit des Außenministers De Michelis wird im Spiel gewesen sein. Serbien war Italiens Verbündeter im Ersten Weltkrieg. Im Volk gibt es Vorbehalte gegen die Slowenen und die Kroaten, weil sie seit 1918 Istrien und Dalmatien entitalianisiert haben. Politiker in Rom möchten verhindern, daß Deutschland sich in Südosteuropa eine Einflußsphäre errichtet, mit den Hauptstützpunkten in Zagreb und in Laibach.

Unbefangen sprach Jelzins Jugoslawien-Sonderbeauftragter unlängst davon, daß Serbien, daß Jugoslawien traditionell mit Rußland befreundet sei; ungeniert nannte er die serbische Nation die führende auf dem Balkan. Sicherlich kommt hier zur Geschichte und zu geopolitischen Interessen die Zugehörigkeit beider Nationen zum orthodoxen Zweig des Christentums.

Manche Länder wie Spanien, Frankreich oder Großbritannien befürchteten von einer Umwandlung Jugoslawiens in unabhängige Staaten einen Schub für autonomistische oder separatistische Bewegungen bei ihnen daheim. Doch wie läßt sich vom einen auf das andere schließen? Im früheren Jugoslawien suchten sich physisch gefährdete Nationen aus dem serbo-kommunistischen Völkergefängnis zu befreien. Im westlichen Europa hingegen lassen sich nationale und regionale Fragen mit den Mitteln der freiheitlichen Demokratie lösen.

Niederländische Politiker nahmen den Krieg in Jugoslawien als Gelegenheit, zu begleichen, was sie als offene Rechnung mit Bonn ansahen. Dabei ging es vor allem darum, daß die Bundesregierung sich dem niederländischen Begehren widersetzt hatte, an den Verhandlungen zur Vereinigung Deutschlands sollten alle Nachbarn Deutschlands teilnehmen, was zu unabsehbaren Verzögerungen und Belastungen geführt hätte.

Zu alledem kommt die gängige Ansicht, »Kleinstaaterei« sei abzulehnen, bestehende Staaten sollten um keinen Preis aufgeteilt werden, die Zeit rufe nach europäischer Vereinigung, nicht nach Begründung neuer Souveränitäten. Darin manifestiert sich einerseits ein mechanistisches Großraum-Denken, andererseits ein Hinwegtrampeln über die Lebensbedürfnisse

 kleiner, bedrängter, in ihrer Existenz gefährdeter Völker. Im Namen der europäischen Einigung europäische Nationen im Würgegriff eines brutalen Aggressors zu belassen, das ist uneuropäisch.

15. April 1992

Gewalttätig und dreist

Die Welt habe zu lange zu viel Geduld mit Serbien gehabt, sagte Genscher unlängst. Tatsächlich, was konnte Serbien nicht alles ungehindert und ungestraft tun. Es hat die Albaner auf dem Amselfeld unter ein brutales Kolonialregime gezwungen, Slowenien (erfolglos) überfallen, einen großen Teil Kroatiens verwüstet, erobert und ausgeraubt, Zehntausende Kroaten getötet; nun ergeht es Bosnien ebenso.

Gegen die Verbrechen Serbiens seit dem Frühjahr 1991 wiegen die gering, welche die zivilisierte Welt jetzt Libyen vorwirft. Der Irak bleibt mit seiner bei der Aggression gegen Kuweit entfalteten kriminellen Energie hinter Serbien zurück. Doch die Staatengemeinschaft möchte nur Gaddafi und Saddam Hussein zur Rechenschaft ziehen, nicht aber die Serben Milošević und Adžić. Ihnen will sie auch nicht militärisch und nicht einmal mit ernst zu nehmenden Sanktionen in den Arm fallen. Wenn Serbien nicht aufhöre mit seinem Krieg gegen Bosnien-Hercegovina, werde es rasch ein internationaler Paria sein, verkündet die amerikanische Regierung. Für das, was bisher war, möchten die Vereinigten Staaten Serbien auch heute noch nicht geächtet wissen.

Von Ächtung ist denn auch weit und breit nichts zu sehen. Die serbischen Führer sind fast überall respektierte Gesprächspartner, von manchen westlichen Politikern werden sie heute noch hofiert. Kaum jemand in der Welt hat mit einem Repräsentanten Serbiens so angemessen »ernst und deutlich« gesprochen wie in der Woche nach Ostern Genscher mit dem serbischen Außenminister. Zur gleichen Zeit fügte der niederländische Außenminister Van den Broek seinen Mahnungen an Serbien hinzu, die EG sei an guten Beziehungen zu Serbien interessiert. Welch groteskes Schauspiel.

Seit Beginn ihres Krieges betrügt die serbische Führung die Staatsmänner der Europäischen Gemeinschaft und Amerikas mit einer Dreistigkeit ohnegleichen. Sie behauptete jeweils, der Krieg, den man ihr vorhalte, finde gar nicht statt, und hilfsweise, die »Jugoslawische Volksarmee« sei eine Streitmacht nicht Serbiens, sondern »Jugoslawiens«. Wenn den serbischen Führern schließlich das alles nicht mehr zweckmäßig erschien, brachten sie vor, die »Jugoslawische Volksarmee« versuche, verfeindete Kroaten und Serben zu trennen. Wurde auch diese Unwahrheit riskant, gingen die serbischen Politiker und Generale zu der Darstellung über, die »Volksarmee« schütze in den Kampfgebieten serbische Bewohner.

Wovor? Den Serben in Kroatien hatte niemand ein Haar gekrümmt. Sie verloren in der 1990 gegründeten freiheitlichen Republik Kroatien nur ihre politischen Privilegien aus der kommunistischen Zeit, die sie bis zum Boden ausgeschöpft hatten. Zwölf Prozent beträgt ihr Anteil an der Bevölkerung Kroatiens, aber in der für ihre Brutalität bekannten politischen Polizei wie auch beim ebenso gearteten Aufsichtspersonal in den Gefängnissen für politische Häftlinge stellten sie über die Hälfte der Bediensteten. In der Führung und der ganzen Organisation der Jugo-KP in Kroatien besaßen sie unverhältnismäßig große Macht. Sie wollten nicht hinnehmen, daß es damit vorbei sein sollte.

In Bosnien geht es um ähnliches. Dort sind die Serben nach den Muslimen und vor den Kroaten die zweitstärkste Nation – mit 32 Prozent, wie überall gesagt wird. Es gibt Gründe, diese Zahl anzuzweifeln. Sie dürfte auf Volkszählungsschwindel beruhen, der den Serben in Bosnien nicht schwerfallen konnte, weil sie dort wie schon im königlichen so auch im kommunistischen Jugoslawien das Herrenvolk waren, auch hier unverhältnismäßig zahlreich und bestimmend vertreten in den

Machtapparaturen. Muslime und Kroaten waren es seit dem Kriegsende gewohnt, sich unter den Serben zu ducken. Auch darauf geht es zurück, daß beide erst so spät darangingen, sich militärisch auf die Aggression der serbischen Armee vorzubereiten. In einem unabhängigen Bosnien-Hercegovina würden die Serben, das erkannten sie sofort, nicht mehr der bestimmende Faktor sein. Die Folge war ein serbischer Angriffskrieg – wie vorher in Kroatien.

Unter vier Augen räumt der serbische Präsident Milošević westlichen Diplomaten ein, die Serben in Bosnien-Hercegovina seien nicht bedroht. In den internationalen Verhandlungen sprechen die serbischen Führer anders. Daß ihnen solche Widersprüchlichkeit schaden werde, scheinen sie nicht zu befürchten. Zu lange konnte sich Serbien in Taten und Worten alles erlauben.

Spät, im bosnischen Krieg endlich, erwacht die westliche Welt aus ihrer Serben-Hypnose. Der UN-Vermittler Lord Carrington sieht jetzt nicht nur ein, daß es falsch war, die Anerkennung Kroatiens hinauszuschieben. Er erkennt auch, daß in Bosnien-Hercegovina die serbische Volksarmee das Hauptübel ist. Doch sieht er nicht sie allein für die Gewalt verantwortlich. Das heißt, auch Muslime und Kroaten trügen Schuld. Da reiht er an die vielen unbegreiflichen Fehler bei seiner Mission den nächsten. Ein Land wird überfallen. Eine Waffenstillstandsvereinbarung nach der anderen hat der Aggressor gebrochen. Das gemarterte Volk, das sich in solcher Lage musterhaft an den wiederum nächsten Waffenstillstand hielte, gibt es auf der Welt nicht; Lord Carrington müßte es erst schaffen.

Schwer wiegen seine Irrtümer. Doch der Mann ist auch Opfer seines verkehrten Auftrags. Er soll mit Worten, neuerdings außerdem mit fast unbewaffneten UN-Soldaten, einem Aggressor gegenübertreten, der nur die Sprache der Gewalt und die Drohung mit ihr versteht. Serbien ist in Taten und Reden maßlos geworden, weil die zivilisierte Welt ihm nicht Einhalt gebot.

4. Mai 1992

Scheinheilig und skrupellos

Auf einmal schrecklich

Bosnische Milizen haben in Sarajevo eine Vereinbarung über freies Geleit gebrochen und serbische Soldaten, auch Offiziere, getötet. »Es war schrecklich«, sagte danach der Kommandant der serbischen Verbände in Bosnien, General Kukanjac, der davonkam. Diese Streitmacht hat die Republik in eine Hölle verwandelt, hat ungezählte Muslime und Kroaten getötet. Verantwortlich ist die Armee auch für die Massaker der Tschetniks, denn sie setzt diese Banden ein. Für den General Kukanjac, einen Repräsentanten der These und Praxis vom serbischen Herrenvolk, ist nur der Anblick erschossener Serben schrecklich. Die Mitglieder der anderen Volksgruppen haben für ihn die Pflicht, sich von der serbischen Armee umbringen, ihre Dörfer und Städte in Schutt und Asche legen zu lassen. Die serbische Aggressionsarmee legt Hand an den Staatspräsidenten von Bosnien-Hercegovina. Mit seiner Brutalität auf fremdem Boden und gegen andere Völker sät Serbien Haß. So besessen sind die Belgrader Führer von der Gewalt, daß sie damit nicht mehr aufhören möchten. Also muß die zivilisierte Welt sie endlich dazu zwingen.

5. Mai 1992

Mutiger Pinheiro

Der portugiesische Außenminister Pinheiro hat mit einer Klarheit, die man, nach trüben Erfahrungen, von mehreren anderen europäischen Außenministern nicht mehr erwarten mochte, die Lage in der Republik Bosnien-Hercegovina gekennzeichnet: Die jugoslawische Armee in Bosnien-Hercegovina sei eine von der serbischen Führung in Belgrad beherrschte ausländische Streitmacht, die einem unabhängigen Land aufgezwungen werde. Pinheiro läßt sich nicht auf das orientalische Täuschungsmanöver Serbiens ein, das so tut, als habe es mit der Aggressionsarmee in Bosnien nichts zu tun. Die EG erkennt Serbien als Aggressor. Aber sie tut zu wenig: Jetzt rufen die Mitgliedstaaten ihre Botschafter aus Belgrad zurück. Längst hätten sie erklären müssen, die diplomatischen Beziehungen zum einstigen Jugoslawien seien wegen dessen Wegfalls erloschen und mit Serbien könne es keine Beziehungen geben, solange Belgrad einen Vernichtungskrieg führe und die Nichtserben auf seinem Territorium grausam unterdrücke. Doch wichtiger als Schrittchen auf dem diplomatischen Parkett wären einschneidende Sanktionen.

13. Mai 1992

Saubere Landnahme

Die Repräsentanten von zwei der Volksgruppen in Bosnien-Hercegovina, der Serben und der Kroaten, tun nach ihren Grazer Verhandlungen so, als füge sich das Ergebnis in die Absicht der Europäischen Gemeinschaft: den Staat Bosnien-Hercegovina in nationale Regionen zu gliedern. Aber so ist es nicht. Die EG möchte, daß der Staat erhalten bleibe. Was in Graz offenbar abgesprochen wurde, bedeutet hingegen das Ende der Republik.

Gut, könnte man sagen, wenn sich die Völker über die Trennung verständigen, soll man sie lassen. Doch in Graz trafen sich nur die Führer der Serben und der Kroaten. Die bei weitem stärkste Volksgruppe Bosniens und der Hercegovina, die Muslime, konnten nicht mitsprechen. Und die Vereinbarung, wie sie bisher bekannt geworden ist, geht über das Lebensrecht der Muslime hinweg. Sie sollen nur ein kleines Stück des Territoriums bekommen. Zwei Drittel von Bosnien und Hercegovina gerieten in serbische Hand. Dort könnten die Muslime nicht leben; also müßten sie in ihren Teil oder in den kroatischen fliehen – eine neue Vertreibung in Europa. Das serbische Gebiet würde von Anfang an ein Teil Serbiens sein, das kroatische zu Kroatien gehören. Der mit verzweifelten Menschen vollgepferchte muslimische Schrumpfstaat aber bliebe ohne Anschluß und Schutz. Er hätte keinen Bestand, weil er Elendsquartier und Pulverfaß in einem wäre. Früher oder später würden die niedergetretenen bosnischen Muslime in der islamischen Welt Helfer finden und damit die Mittel, aus dem Kerker auszubrechen. Zunächst aber wäre das Grazer

Abkommen – wenn es denn so besteht – ein neuer Sieg der serbischen Gewaltpolitik, der Belgrad noch gewalttätiger stimmen würde.

Die zivilisierten Staaten müssen den Handel mißbilligen. Doch sie werden hoffentlich nicht in die Heuchelei zurückfallen, mit der sie lange die Schuld an dem Krieg im untergegangenen Jugoslawien ebenso Kroatien wie Serbien zumaßen. Auch in Bosnien-Hercegovina sind die Kroaten Opfer der serbischen Aggressionsarmee. Niemand hat ihnen geholfen. Nicht einmal ihre windigen Friedenstruppen wollten die Vereinten Nationen nach Bosnien entsenden. In ihrer Not haben die bosnischen Kroaten anscheinend einen fatalen Schritt getan. Die westliche Welt soll jetzt nicht mit den Fingern auf sie zeigen, sondern endlich Serbien in die Schranken weisen.

9. Mai 1992

Serbiens Freunde

Bosnien-Hercegovina hat sich unter der serbischen Aggression in eine Hölle verwandelt. Die Vereinten Nationen aber tun nichts; auch die anderen internationalen Institutionen üben sich im Zuschauen. Niemand will gegen Serbien energische Schritte unternehmen. Wie erklärt sich das? In den Außenministerien der Welt wie auch in den internationalen Organisationen, die ihr Personal zum großen Teil aus jenen beziehen, wimmelt es von Sympathisanten Serbiens. Sie waren einmal ein paar Jahre an der Botschaft ihres Landes in Belgrad. Dort hatten sie es meist mit Serben zu tun, weil der Auswärtige Dienst des untergegangenen Jugoslawien serbisch bestimmt war. So angetan waren viele westliche Diplomaten (und Militärattachés) von den gastfreundlichen serbischen Funktionären, daß sie ihnen gern alles glaubten, auch die Geschichtsdarstellung. Zum Lesen kamen sie nicht viel. Nach Kroatien, Slowenien oder Bosnien fuhren sie selten; und wenn, dann fühlten sie sich dort wie bei Nebenvölkern. Das Hauptvolk, das Staatsvolk, waren für sie die Serben. Diese Diplomaten haben seither Karriere gemacht. Sie wirken an Entscheidungen über das ehemalige Jugoslawien mit und suchen den Staat Serbien zu schonen, wo immer es geht.

19. Mai 1992

Menschen-Schlachthaus

Bundesinnenminister Seiters sähe die Flüchtlinge aus Bosnien am liebsten in Kroatien oder in Slowenien untergebracht. Doch ein knappes Drittel Kroatiens ist von der serbischen Armee besetzt, weite Regionen werden von serbischer Artillerie beschossen. In den sicheren Gebieten Kroatiens drängen sich Hunderttausende Kroaten. Nun sind dazu noch 350 000 Flüchtlinge aus Bosnien-Hercegovina gekommen. Die Zagreber Regierung ist am Ende ihrer materiellen Kräfte, da die serbische Aggression, die schon über ein Jahr dauert, Kroatien in die Armut gestoßen hat (auch das gehörte zu den Belgrader Kriegszielen). Wer von Kroatien verlangt, es solle sich offenhalten für weitere Kriegsflüchtlinge aus Bosnien, muß ihm die Mittel geben, die Einströmenden zu versorgen.

Mit neuen Flüchtlingsströmen ist zu rechnen. Die serbische Kriegsmaschine arbeitet mit voller Kraft. Immer neue Scharen von Muslimen und Kroaten aus Bosnien werden das nackte Leben zu retten suchen, das einzige, was ihnen geblieben ist. Auf dem Amselfeld hat Serbien eine Kriegsmacht zusammengezogen. Wenn sie auf die Albaner zuschlägt, damit das Amselfeld endlich serbisch werde, wird die Welt den nächsten Massenexodus erleben. Vielleicht entschließt sich die serbische Führung auch, im Krieg gegen Kroatien aufs neue zur Offensive überzugehen. Dann droht wiederum Flüchtlingselend. Der serbische Staat hat eine Region Europas in ein Menschen-Schlachthaus verwandelt. Der Staat nur? In der »New York Times« schreibt William Safire, die Serben seien jetzt repräsentiert – und nicht unterdrückt – von ihrem Diktator Milošević. Billigte nicht die Mehrheit der Serben den Eroberungskrieg, könnte die Belgrader Führung ihn nicht Monat um Monat erfolgreich führen.

Präsident Bush tadelt Serbien, läßt aber zugleich mitteilen, Amerika werde nichts tun. Der Präsidentschaftskandidat Clinton verlangt einschneidende Sanktionen wie Ölsperre und Ausschluß aus internationalen Organisationen. Vielleicht kommt es nicht einmal dazu. Doch selbst, wenn: Soll das alles sein, was die Welt aufbieten will gegen einen Staat, der Zivilisation, Recht, Humanität weggeworfen hat, der als ein schwerbewaffneter und hochorganisierter Angreifer in seiner Nachbarschaft ein Volk nach dem anderen niedermacht?

23. Mai 1992

Sanktionen oder Spielerei?

In der Welt wächst die Wut über Serbien. Der deutsche Außenminister sagt, die Zeit der verbalen Verurteilungen sei vorbei. Der amerikanische verlangt, man müsse der Milošević-Clique »die Glaubwürdigkeit unter den Füßen wegziehen«. Aber dem Belgrader Staat ist etwas anderes zu nehmen als eine Glaubwürdigkeit, die er nicht hat: die Fähigkeit zum Völkermord. Sanktionen sind notwendig. Immer häufiger ist das Wort aus den westlichen Staatskanzleien und den internationalen Organisationen zu hören. Die Kroaten werden sich fragen, warum der Ruf nach Sanktionen kaum zu hören war, als Serbien seine Vernichtungsoffensive gegen Kroatien führte.

Es gab schon Sanktionen. Die EG-Staaten riefen ihre Botschafter in Belgrad zur Berichterstattung zurück. Nun soll auch der amerikanische Botschafter Belgrad verlassen. Keine Rede also vom Abbruch der diplomatischen Beziehungen mit einem Staat, der seit über einem Jahr Aggressionskriege führt. Eigentlich wären die Beziehungen gar nicht abzubrechen; sie sind erloschen, weil Jugoslawien untergegangen ist. Doch daran schwindeln sich die zivilisierten Staaten vorbei, auch Deutschland. Ist der Botschafter nicht mehr in Belgrad, bleibt dennoch die diplomatische Mission mit einem Geschäftsträger. Und das soll den Namen Sanktion verdienen? Die amerikanische Regierung will den Kontakt zum serbischen Militär abbrechen. Nicht auszudenken, wie sehr es die serbische Armee schwächen wird, wenn auf den Cocktailparties in Belgrad die amerikanischen Offiziere fehlen. Unangenehm müßte es für Serbien sein, wenn es den Sitz in den UN verlöre (der ihm nicht zusteht). Doch ob aus dieser amerikanischen Drohung Wirklichkeit wird, steht dahin. Und wenn: die serbischen Politiker könnten es ertragen.

Vereinte Nationen und EG wollen sich über Wirtschaftssanktionen schlüssig werden. Die einzige, die Serbien auf kurze Frist hart treffen könnte, wäre eine Ölsperre. Doch der Embargo-Ring müßte lückenlos sein; Griechenland aber will offenbar nicht mittun. Der amerikanische Außenminister scheint zu erkennen, daß Serbien nur mit militärischer Drohung beizukommen ist; er nennt sie das letzte Mittel. Wäre der Westen im vorigen Sommer dazu bereit gewesen, hätte Serbien von seinem Krieg gelassen, und Zehntausende hätten nicht elend sterben müssen.

25. Mai 1992

Warum Bosnien leiden muß

Von den drei Völkern im Staate Bosnien-Hercegovina haben die Serben am wenigsten Grund, über ihr früheres Schicksal zu klagen, gar daraus Forderungen abzuleiten. Unter den Türken, vier Jahrhunderte lang, lebten die orthodoxen Serben zwar geduckt; aber es erging ihnen besser als den katholischen Kroaten. In der Mitte des 16. Jahrhunderts hatten die Türken der serbischen Nation gestattet, das in der Niederlage untergegangene Patriarchat von Peć (türkisch: Ipek) wiederzuerrichten. Sie versprachen sich von einer serbischen Orthodoxie unter ihrer Aufsicht eine Festigung ihrer Macht im Südosten Europas. So fanden die Serben auch in Bosnien wieder Halt an einer organisierten Kirche, wenn sie auch vor türkischer Willkür nie sicher sein konnten.

Als 1878, dem Beschluß des Berliner Kongresses gemäß, die Habsburgermonarchie Bosnien-Hercegovina besetzt hatte, warteten die Serben dort zunächst mißtrauisch ab; würde an die Stelle der islamischen türkischen Zwingherrschaft eine katholische österreichisch-ungarische treten? Bald erwies sich die Sorge als unbegründet. Die bosnischen Kroaten, die 1878 die österreichische Besetzung und dreißig Jahre später die Annexion freudig begrüßt hatten, sind in ihren dreieinhalb habsburgischen Jahrzehnten nicht das Herrenvolk geworden. Dazu glaubten sich die Serben ausersehen, deren Brüder in Belgrad schon um die Mitte des vorigen Jahrhunderts behauptet hatten, Bosnien gehöre den Serben.

Das serbische Attentat von Sarajevo im Juni 1914 war als Auftakt eines Aufruhrs gedacht, an dessen Ende Bosnien-Hercegovina dem Königreich Serbien zufallen sollte. Der Anschlag auf den österreichischen und ungarischen Thronfolger war nur für die Serben ein Akt nationaler Befreiung; den Kroaten und den Muslimen sollte er neue, serbische Fremdherrschaft bringen. Für dieses Ziel nahmen die serbischen Attentäter ebenso wie ihre Patrone in Belgrad einen Weltbrand in Kauf. Als der damalige Bundespräsident Carstens 1983 Jugoslawien besuchte, führte man ihn auch in das Museum in Sarajevo, wo der Mordanschlag auf primitiv-chauvinistische Weise verherrlicht wird. Nach wenigen Minuten hatte Carstens genug und ging, er wollte solchem Wahnsinn nicht auch noch Ehre erweisen. Dafür verdient er heute noch Dank.

Die Serben haben Bosnien-Hercegovina schließlich bekommen, beim Untergang des morschen Habsburgerreiches. Im großserbischen Königreich Jugoslawien bestimmten sie in Sarajevo; die Muslime waren ihnen als gefügige politische Manövriermasse recht. Aber im Zweiten Weltkrieg entlud sich der alte serbische Haß auf die türkischen Unterdrücker gegen die Muslime (die keine Türken sind, sondern Slawen) in Massakern. Im Tito-Kommunismus fanden sich die bosnischen Muslime (ebenso wie die Kroaten) aufs neue unter harter großserbischer Herrschaft. Ein Vierteljahrhundert brauchte der Staat, bis er den Muslimen die Rechte einer Nation zugestand. Aber auch dann hörten die Eingriffe aus Serbien nie auf.

Und dann, in diesem Frühjahr, der serbische Eroberungs- und Zerstörungskrieg gegen Bosnien-Hercegovina. Die Muslime, fatalistisch gestimmt, hatten sich auf den Angriff der »Jugoslawischen Volksarmee« und der mit ihnen verbündeten Tschetnik-Verbände nicht vorbereitet. Fast waffenlos standen sie dem hochgerüsteten und brutalen Feind gegenüber. Serbische Artillerie zerschießt Ansiedlungen, aus denen vorher die serbische Bevölkerungsgruppe in Sicherheit gebracht wurde. In mehreren bosnischen Orten nahmen die Serben alle Männer gefangen, die sie greifen konnten. Alle, die beschnitten, also Muslime waren, erschossen sie. Nur ein Tor konnte glauben, solcher systematischen Grausamkeit werde nicht Gegen-Grausamkeit folgen.

Wie sollen die Muslime und die Kroaten in Bosnien-Hercegovina in Zukunft noch mit den Serben zusammenleben? Wo so viel Haß gesät wurde, kann auf lange Zeit kein Vertrauen mehr gedeihen. Wird der Muslim mit einem serbischen Nachbarn zurechtkommen, der mittat, als die Serben im Ort im Schutz der Armee unter den Muslimen ein Blutbad anrichteten? Und läßt sich eine bosnische Regierung denken, in der die muslimischen und die kroatischen Repräsentanten mit den Serbenführern zusammenarbeiten, die in den vergangenen Wochen den bosnischen Staat zerstört und dort eine Mordherrschaft errichtet haben?

Längst haben die bosnischen Serben zusammen mit der Armee von ihnen eroberte große Stücke der Republik zu einem serbischen Staat erklärt, den sie an Serbien anschließen wollen. Die Kroaten suchen, umgekehrt, einige mehrheitlich von ihnen bewohnte Regionen mit der Republik Kroatien zu vereinen. Die Teilung von Bosnien-Hercegovina ist also schon im Gang. Aber die Muslime werden sich nicht damit abfinden, daß ihnen, dem größten Volk, nur ein Rest-Territorium bleiben soll, die Serben aber sich zwei Drittel des Staates nehmen. Wie immer die Grenzen verlaufen sollten – nie wäre es möglich, aus Bosnien-Hercegovina national einfarbige Staaten zu schneiden oder »nationale Kantone« für eine Föderation. Was sollte in größeren Städten wie Sarajevo geschehen, wo in manchen Vierteln alle drei Völker zusammenwohnen? Wer auf dem Territorium des ehemaligen Jugoslawien dem Kampf um Grenzveränderungen freies Feld gibt, beschwört eine Kettenreaktion von Katastrophen herauf.

Für Bosnien-Hercegovina weiß heute niemand eine vertretbare und realisierbare Regelung. Vielleicht fällt eines Tages den Völkern in ihrer Erschöpfung und Verzweiflung eine Lösung ein. Aber dann müßte erst die serbische Schreckensarmee entwaffnet sein.

29. Mai 1992

Nicht verrückt

Die jüngsten öffentlichen Worte des serbischen Staatsoberhauptes Milošević zu seinem Krieg sind so weit entfernt von jeglicher Vernunft, daß sie den Befund »verrückt« nahelegen. Doch die serbische Kriegspolitik verkennt, wer in ihr nur eine personengebundene Verrücktheit sieht. Den serbischen Feldzug, dessen Opfer nun Bosnien-Hercegovina geworden ist, führen und tragen neben Milošević seine Belgrader Mitpolitiker, die serbischen Generale, die Mehrheit der intellektuellen Oberschicht in Serbien, zum Beispiel an der Serbischen Akademie der Wissenschaften und Künste. Wer wollte glauben, sie seien allesamt verrückt? Es geht um etwas anderes. Serbien will fremdes Land gewinnen, das es als sein Eigentum beansprucht, und Völker von dort entfernen, die es als minderwertig betrachtet. Die Regeln zivilisierten Zusammenlebens interessieren Serbien nicht. Es steht willentlich außerhalb der Zivilisation, folgt nur seinen alten grausamen Mythen. Deshalb sind alle Appelle an Belgrad, ist alles vernünftige Reden mit den Belgrader Oberen vergeblich. Solange der Westen das nicht begreift, wird er Belgrad immer wieder mißverstehen, wird er im untergegangenen Jugoslawien aus einem Scheitern ins nächste fallen.

30. Mai 1992

Wirklichkeitsfremd

Der falsche Auftrag

Entschlossen klingt die Drohung des UN-Offiziers MacKenzie
in Sarajevo: Erst wenn 48 Stunden lang die Waffen geschwie-
gen hätten, würden sich die Vereinten Nationen wieder um
eine Öffnung des Flughafens bemühen. Der UN-Offizier wendet sich an alle kämpfenden Gruppen. Er beschuldigt alle
gleichermaßen, sie verletzten den Waffenstillstand. So halten
es die Vereinten Nationen überhaupt mit dem Staat Bosnien-
Hercegovina. Sie tun, als sei dort ein Bürgerkrieg im Gang, an
dessen Ausbruch und Fortdauer alle – Muslime, Serben, Kroaten – Schuld trügen. In Wahrheit hat die Armee Serbiens den
Staat überfallen. Sie zerschoß das Land, um es dann zu erobern.
Auch Feuerpausen benutzte sie, um Muslime und Kroaten
auszuhungern, zu terrorisieren und zu vertreiben.

In solcher Lage stellen die UN ihre Bemühungen ein, den
Flugplatz Sarajevo für Lieferungen von Nahrung und Medika-
menten zu öffnen. Auf solche Hilfe ist vor allem die muslimische und die kroatische Bevölkerung angewiesen, in der
Hauptstadt wie im ganzen Land; die Serben werden von ihrer
Armee nicht nur bewaffnet, sondern auch versorgt. Für die
serbische Führung in Belgrad und für die serbischen Generäle
in Bosnien kann der Flugplatz in Sarajevo gar nicht lange genug
geschlossen bleiben. Deshalb spricht der UN-Offizier mit seiner Drohung an der Wirklichkeit vorbei. Doch ihr widerstrei-
tet auch sein Auftrag, die ganze Politik der UN in Bosnien-
Hercegovina. Der Krieg dort läßt sich nicht mit Ermahnungen
zu Ende bringen, nicht mit Lebensmittellieferungen und nicht
mit Soldaten in blauen Helmen. Den Flughafen in Sarajevo

müßten die Vereinten Nationen öffnen, damit dort auch Kampftruppen landen können, die zunächst in der Hauptstadt und dann in ganz Bosnien den serbischen Streitkräften die Fähigkeit nehmen, ihren Angriffskrieg weiterzuführen.

Die westliche Welt läßt Bosnien-Hercegovina im Stich und schreibt es ihm auch noch zur Last, daß es sich selbst wehren will. Es ist wie vorher in Kroatien. Dorthin wollten die UN Truppen erst dann schicken, wenn die Serben mit ihrem Vormarsch aufhörten. Absurdität gibt sich als Politik aus, und die westlichen Völker lassen es ihren Regierungen hingehen.

23. Juni 1992

Widersinnig

Gerüchte, Deutschland habe schwere Waffen an Kroatien geliefert, das sie jetzt zur Befreiung Sarajevos einsetzen wolle, hat das Bundesverteidigungsministerium »Unterstellung und Irreführung« genannt. Der Vorgang beleuchtet den Widersinn der westlichen Politik im untergegangenen Jugoslawien. Sowohl die KSZE als auch die EG beschlossen im vorigen Jahr ein Waffenembargo gegen »Jugoslawien«. Kein Staat möchte den Vorwurf auf sich sitzen lassen, er habe die Beschlüsse verletzt. Doch sie waren unsinnig und verantwortungslos. Das hochgerüstete Serbien hatte mit dem fast waffenlosen Kroatien lange leichtes, grausames Spiel. Das wiederholte sich dann in Bosnien. Hätten die westlichen Staaten Kroatien rechtzeitig bewaffnet, wäre es nicht zum Krieg gekommen. Hätten sie wenigstens dem überfallenen Kroatien Waffen gegeben, wäre der Krieg bald zu Ende gewesen. Kroatien Waffen geliefert zu haben müßte für jeden Staat eine Ehre sein. Statt dessen gilt der bloße Verdacht als Schande. Es wird sich zeigen, daß er in kaum einem Fall zutrifft. Denn die westliche Welt hat nicht nur eine perverse Regelung getroffen, sie hat sich auch daran gehalten.

26. Juni 1992

54

»Den christlichen Grundsätzen treu geblieben«

Die serbische Kirche zum serbischen Krieg

Große Erwartungen setzen manche westlichen Politiker auf die serbischen politischen Gegner des serbischen Präsidenten Milošević und seines Regimes. Im unübersichtlichen Lager dieser Opposition sind neuerdings besonders hervorgetreten der bekannte serbische Schriftsteller Dobrica Ćosić und die Führung der Serbischen Orthodoxen Kirche.

Die Hoffnungen auf Ćosić waren von Anfang an wenig begründet. Er gehört zu dem Teil der serbischen Intelligenz – es war offensichtlich die Mehrheit –, die zum Angriffskrieg ihres Staates gegen Kroatien geistig und atmosphärisch beigetragen und zeitweise in der Sprache Milošević an Aggressivität übertroffen hat. Jetzt, als erster Staatspräsident der aus Serbien und Montenegro bestehenden neuen Scheinföderation mit dem alten Namen »Jugoslawien«, stützt er den vorher von ihm angegriffenen Milošević. Dessen – von einigen Gruppierungen der Opposition verlangter – Rücktritt, sagt er, würde Serbien ins Chaos stürzen. Von Ćosić hat die Welt fürs nächste allenfalls eine etwas vorsichtigere Einschätzung der serbischen Möglichkeiten nach so manchem Rückschlag und ein zivilisierteres Auftreten zu erwarten.

Die Serbische Orthodoxe Kirche hatte den grausamen Krieg Serbiens nicht verurteilt, sondern psychologisch abgeschirmt. Sie zog aus der Aggression gegen Kroatien eilig Nutzen. In eroberten Regionen Slawoniens, wo die katholische kroatische Bevölkerung zu einem Teil umgebracht, zum größeren Teil vertrieben worden oder geflüchtet war, entfaltete die serbische

Orthodoxie eilig ihre Organisation und Hierarchie. Der Kirchenführung in Belgrad mit dem Patriarchen Pavle an der Spitze war es sicherlich nicht recht, daß Serbien als letzter europäischer Staat von Kommunisten regiert wurde. Aber der Eroberungs-Chauvinismus dieser Bolschewiken kam ihr offenbar recht, schien ihr sogar eine Weile nicht weit genug zu gehen. Als sich Milošević mit der Stationierung von UN-Soldaten (Blauhelmen) in den gesamten von Serbien besetzten Gebieten Kroatiens einverstanden zeigte, tadelte ihn die Führung der Serbischen Orthodoxen Kirche heftig. Neuerdings wendet sie sich gegen das Regime Milošević, verurteilt sie dessen Innen- und Außenpolitik. Sie ruft auch nach Frieden.

Wie die serbische Orthodoxie indessen zum Krieg steht, geht aus einer Denkschrift hervor, welche ihre Bischofskonferenz im Mai beschlossen hat. In dem ganzen Schriftstück taucht auch nicht in einer Andeutung auf, daß Serbien mit seiner Armee über Slowenien, Kroatien und Bosnien-Hercegovina hergefallen ist und jedenfalls in den beiden letzteren Staaten unmeßbares Elend angerichtet hat. Im Gegenteil; in mehreren Passagen tun die serbischen Bischöfe so, als sei Opfer des Krieges vor allem Serbien. Gleich zu Beginn heißt es, nicht zum erstenmal werde »das serbische Volk ans Kreuz geschlagen«. Vom »Kampf des serbischen Volkes um seine Existenz« ist die Rede. Bis heute sei dieses Volk »den tiefsten christlichen Grundsätzen treu geblieben«, verkünden die serbischen Bischöfe der Welt – zu einer Zeit, da serbische Streitkräfte mit gewaltsamer Landnahme, Zerstörung und Menschenvernichtung beschäftigt sind.

Die serbischen Kirchenoberen sprechen von all den Übeln, »die in diesen Tagen die Generäle Titos auf beiden Seiten der Front und seine bisherigen Ideologen und Politiker in Ljubljana, Zagreb, Belgrad, Sarajevo, Skopje und Podgorica im Namen des Volkes verübt haben« – als wären die Angegriffenen schuldig wie die Angreifer. Sie bekunden Schmerz über »das inhumane Verhalten des offiziellen Europa gegenüber dem

Problem der existentiellen, geistigen und kulturellen Identität und der Fortdauer des serbischen Volkes« – während serbische Verbände an bosnischen Muslimen und Kroaten Völkermord begehen. Diesen mißhandelten Völkern stellen die serbischen Bischöfe die Serben auch noch als Mitbürger, ja als Brüder dar. Sie sprechen von einem »Bürger- und Bruderkrieg«.

Der Europäischen Gemeinschaft – die dem Kriegführen Serbiens in Bosnien-Hercegovina bisher ebenso untätig zugeschaut hat wie von Anfang an in Kroatien – werfen die Bischöfe vor, daß sie »auf eine brutale und unüberlegte Weise die Zerstörung von allem fördert, was uns (gemeint ist: die Völker auf dem Territorium des ehemaligen Jugoslawien) als Menschen und zivilisierte Völker verband und einander nähergebracht hatte«. Diese Absurdität überschlägt sich schließlich in dem frommen, lyrischen Satz: »Indem wir die Rechte aller mit uns lebenden Völker anerkennen und achten, rufen wir sie dazu auf, über die Tatsache nachzudenken, daß wir wieder als Nachbarn leben werden. Dieselbe Sonne wird uns wärmen, dieselbe Erde ernähren, in derselben Sprache werden wir uns weiterhin verständigen. Derselbe Gott wird auf uns blicken und über uns richten.«

Die Grenzen zwischen den Republiken des einstigen Jugoslawien, klagen die serbischen Bischöfe, würden von Europa als unantastbare Staatsgrenzen behandelt, »obwohl sie den lebendigen Organismus des serbischen Volkes zerschneiden und seine jahrhundertealten Siedlungen, Heiligtümer, Gräber, Klöster und Kulturdenkmäler zertrennen«. Darauf könnte sich eine serbische Staatsführung berufen, die den Angriffskrieg fortsetzen oder eines Tages wieder aufnehmen will. Die serbischen Bischöfe stellen der internationalen Gemeinschaft sogar die Möglichkeit späterer neuer serbischer Gewalt vor Augen: Eine ungerechte, unnatürliche Lösung der serbischen Frage in Kroatien, Slawonien, Dalmatien und Bosnien-Hercegovina könnte »die Ursache für neues Unglück und neue Gräber werden«. Das klingt wie eine Drohung.

Die serbischen Bischöfe verurteilen in ihrer Denkschrift jeden Mord und jedes Verbrechen, »das seitens der Angehörigen irgendwelcher Armeen oder irgendwelcher bewaffneter Formationen, seien sie serbisch, kroatisch oder muslimisch, verübt wurde«. Das Anerkenntnis serbischer Schuld, das darin stecken mag, ist erschreckend schmal angesichts der kaum beschreiblichen Untaten, die serbische Heere seit über einem Jahr an mehreren Staaten und Völkern begehen. Wenn es Hoffnungen gibt auf Einsicht und Umkehr in Serbien – auf die Serbische Orthodoxe Kirche können sie sich kaum richten.

27. Juni 1992

Mitterrands Auftritt

Neid, Ärger wegen einer gestohlenen Schau sollten nicht in das Urteil über Präsident Mitterrands Besuch in Sarajevo einfließen. Keinem anderen Staatsmann war es verwehrt, eine solche Aktion schon früher zu unternehmen. Wenn Mitterrands Reise den von serbischer Aggression bedrängten Muslimen und Kroaten in Sarajevo nachhaltig nützt, darf Frankreich, darf auch Mitterrand persönlich sich das zugute schreiben.

Doch die Frage drängt sich auf, ob die Blitzvisite etwa auch dazu dienen soll, vergangene Versäumnisse vergessen zu lassen und künftige zu verstecken. Frankreich sucht militärischen Beistand für die Opfer des serbischen Krieges bis heute zu vereiteln. Niemand weiß, ob Amerika deutschen Vorstellungen gefolgt wäre, Amerika solle seine Mittelmeerflotte vor Dalmatien auffahren lassen. Doch Einwände aus Paris nahmen solchem Vorschlag in Washington die Resonanz. In der amerikanischen Regierung kreisen die planerischen Gedanken immer näher um den Einsatz militärischer Mittel. Dabei geht es jedoch immer nur um das Öffnen des Flughafens Sarajevo für das Landen ziviler Hilfsgüter. Auch der UN-Generalsekretär meint allein das, wenn er davon spricht, der Sicherheitsrat müsse sich nötigenfalls zu »anderen Mitteln« entschließen. Sollte sich erweisen, daß Mitterrand mit seinem Erscheinen in Sarajevo die Flughafen-Blockade für immer aufgebrochen hätte, wäre Frankreich Amerika und den Vereinten Nationen mit einer beherzten Tat zuvorgekommen. Indessen, auch der Nachteil wäre zu bedenken. Ein Einsatz von Kampftruppen Amerikas oder der UN in Bosnien, sei es auch nur an einem

Ort, würde die serbischen Führer ernüchtern; vielleicht ginge dann der ganze Krieg eher zu Ende. Die Version, Mitterrand sei nach Sarajevo gegangen, um von dort andere Ordnungsmächte fernzuhalten, hat mit der Wirklichkeit hoffentlich nichts zu tun.

Doch jetzt schon ist klar, daß der französische Präsident einen schweren Fehler beging, als er sich vornahm, in Sarajevo auch den serbischen Befehlshaber zu treffen. Wenn Frankreich Serbien etwas mitzuteilen hat, kann es sich an die Regierung in Belgrad wenden. Ein Gespräch des französischen Präsidenten mit dem serbischen General in Sarajevo, das ist ein Hieb auf den bosnischen Staat, der um sein Leben kämpft.

29. Juni 1992

Irrtümer und Perversionen

Warum der Westen im Umgang mit Serbien versagt

Wer nach den Gründen für das westliche Versagen im Angesicht des serbischen Angriffskrieges sucht, stößt zunächst auf eine Reihe von Irrtümern, die in die Zeitgeschichte zurückreichen. Generationen von Gebildeten in Europa und Amerika täuschten sich schon über das alte, das königliche Jugoslawien der Zwischenkriegszeit. Sie hielten es für eine im ganzen geglückte Konstruktion, für ein Haus, in dem die darin versammelten Völker erträglich zusammenlebten.

In Wahrheit war das erste Jugoslawien ein Großserbien, für mehrere Völker ein Kerker, für andere unwohnlich. In Kroatien und in Slowenien gingen nach 1918 den Leuten die Augen über, als sie sahen, wie die neue Belgrader Staatsmacht ihre politischen Interessen immer wieder mit physischen Mitteln durchzusetzen suchte, wie es politisch Unliebsamen in den Polizeistuben und in den Gefängniszellen erging. So etwas hatten sie im Habsburger-Reich nicht erlebt.

Irrtümer herrschten in den westlichen Ländern ebenso über das Jugoslawien Titos. Weil er sich der Macht Stalins entzog, hielt man ihn für einen Anti-Stalinisten, obwohl er doch nur sein eigener Stalin sein wollte. Der Westen tat richtig daran, nach dem Bruch der Sowjetunion mit Jugoslawien im Juni 1948 dieses zu unterstützen. Doch dabei blieb es noch, als Tito sich längst wieder der Sowjetmacht angenähert hatte und mit ihr zusammenspielte. Nicht lange nach dem sowjetischen Einmarsch in die Tschechoslowakei sagte er dort, wenn es darauf ankomme, werde Jugoslawien auch militärisch an der Seite des sozialistischen Lagers sein. Aber der Westen hörte es nicht, weil er sich die Ohren zuhielt. Er schätzte Jugoslawien, weil es mit seinem »Modell« im Sowjetblock zersetzend wirke – und merkte nichts, als Jugoslawien in den siebziger Jahren seine Anziehungskraft auf die Völker im Sowjetblock verlor.

Als das von ihnen mißverstandene Jugoslawien 1989 zu zerfallen begann, stimmten viele westliche Politiker und Diplomaten Klagelieder an. Mit Zorn wandten sie sich gegen die Völker, die ihnen die geliebte Illusion nahmen; das waren damals die Slowenen und die Kroaten. Bis heute läßt sich Ärger über den Verlust eines Jugoslawien, das es so nie gegeben hat, in der Politik westlicher Regierungen erkennen. Wie sonst könnte man erklären, daß sich Repräsentanten Kroatiens und Sloweniens im Westen oft herabsetzend, manchmal sogar mit Haß behandelt fanden?

Die Kroaten und Slowenen, die bosnischen Mulsime und die Albaner auf dem Amselfeld müssen nun dafür bezahlen, daß durch die Jahrzehnte ungezählte westliche Diplomaten ihre jugoslawische Erfahrungswelt auf die Hauptstadt Belgrad beschränkten, dort immer wieder mit denselben jugo-serbischen Funktionären zusammentrafen, deren Geschichtsdarstellung und Bewertung der Nationen im Vielvölkerstaat allmählich übernahmen. Erkundungen bei den anderen Völkern waren selten und hinterließen nur schwache Eindrücke. Auf der anderen Seite herrschten im Personal der jugoslawischen Auslandsmissionen immer Serben vor. Das färbte auf die Beamten in den westlichen Kanzleien ab. So kommt es, daß in den Regierungsämtern und in den internationalen Institutionen viele Bedienstete mit Serbien sympathisieren.

Auf eine falsche Fährte haben sich viele westliche Politiker selbst geführt mit der Vorstellung, ein großer Staat sei in jedem Fall besser als mehrere daraus entstehende kleinere. Das ist eine Art politischer Tonnen-Ideologie. Im jugoslawischen Fall wurde daraus die Maxime: Besser ein großes Völkergefängnis als mehrere kleine Häuser zum Leben in Freiheit und Würde.

Diesen Fehler mag man auf das Konto »Torheit« schreiben. In das Kapitel »moralische Blindheit« hingegen gehört es, daß die politische Klasse der westlichen Länder mit Fanatismus die Waffenlosigkeit der von Serbien angegriffenen Nationen zu verlängern suchte. Bis heute verweigert sich der Westen seiner Pflicht, die Staaten Kroatien und Bosnien-Hercegovina vor den grausamen Menschenvernichtungsaktionen der serbischen Streitkräfte militärisch zu schützen. Aber er wacht auch peinlich darüber, daß sie sich nicht selber Waffen im Ausland beschaffen. Die Geschütze und Panzer, über welche die Kroaten heute verfügen, mußten sie sich sozusagen mit nackten Händen vom Aggressor holen.

Moralisch verwerflich ist nicht weniger die im Westen verbreitete Neigung, im serbischen Krieg Angreifer und Angegriffene, Täter und Opfer auf eine Stufe zu stellen. Ein westeuropäischer Politiker hat dieser Verirrung neulich ungeniert Ausdruck gegeben, als er abqualifizierend von Leuten im ehemaligen Jugoslawien sprach, die sich die Köpfe zerschlügen und denen man auch noch helfen solle.

Gegen alle Moral und Vernunft hat der Westen seine – unzureichenden – politischen und wirtschaftlichen Sanktionen gegen Serbien immer aufs neue hinausgezögert und verwässert. Serbien hatte schon monatelang Krieg geführt, da durfte es immer noch die Devisenguthaben des untergegangenen Jugoslawien im Ausland (die vor allem Kroatien und Slowenien erarbeitet hatten) für sich, für seinen Krieg verbrauchen. Auf der anderen Seite lassen die internationalen Finanzinstitutionen Kroatien warten, daß es einem Aushungern gleichkommt. Mit Unfähigkeit Zuständiger allein ist das nicht zu erklären; es sieht nach Sabotage aus. Die offene wie heimliche Kollaboration mit dem Aggressor Serbien hat viele Stätten und Gestalten. Eines Tages werden wir es genauer wissen. Aber den Opfern der Aggression wird das nichts mehr helfen.

30. Juni 1992

Zeugnis der Unfähigkeit

Unzulänglich

In ihrer Münchner Erklärung sagen die Großen Sieben, sie seien besorgt über die »jugoslawische Krise«. Wovon sie sprechen, ist in Wahrheit ein serbischer Angriffskrieg gegen zwei Staaten. Die Sieben unterstützen die EG-Konferenz unter Lord Carrington, die bisher Verzögerung zum Nutzen Serbiens betrieben hat. »Alle Parteien im früheren Jugoslawien« müßten Friedenswillen zeigen – als bedürften die Opfer ebenso der Mahnung wie der Täter. Wenn die kroatischen Verbände in Bosnien-Hercegovina den Sieben folgen, müssen sie sich sofort auflösen. Dann gäbe es in der Republik niemanden mehr, der die nichtserbische Bevölkerungsmehrheit vor serbischen Massakern schützt. Nach dem Friedensplan der UN hätte sich die serbische Armee längst aus den eroberten Gebieten zurückziehen müssen. Doch sie verharrt, und die UN-Truppen schauen zu. Militärische Mittel empfehlen die Sieben nur zur Sicherung von Hilfstransporten, nicht zur Entwaffnung Serbiens. Sinn hat die Aufforderung an Serbien, auf dem Kosovo Autonomie an die Stelle von Unterdrückung zu setzen, und die Weigerung, Serbien und Montenegro als die einzigen Nachfolger Jugoslawiens zu betrachten.

8. Juli 1992

... und zu wenig

Hört man sie nicht schon knattern, die Kampfhubschrauber, die Frankreich nach Sarajevo schicken will? Frühestens in zehn Tagen werden sie dort sein. Sie sollen »zum Schutz von Sarajevo« beitragen, heißt es in Paris. Zum Schutz von Sarajevo trägt am meisten bei, wer die serbische Artillerie auf den umliegenden Höhen außer Gefecht setzt. Das ist mit vier Kampfhubschraubern nicht zu machen. Auch Frankreich bleibt dabei, daß eine militärische Aktion gegen den Aggressor Serbien nicht in Betracht komme. Was dann? Die Hilfslieferungen für Sarajevo genügen nicht einmal dort auch nur annähernd. In anderen Regionen Bosniens sterben die Muslime an Hunger. Der Völkermord an ihnen wird erst dann aufhören, wenn die serbische Armee entwaffnet ist. Da niemand seinem Land hilft, bittet Präsident Izetbegović Amerika um Waffen. Aber auch dazu gibt es keine Bereitschaft. Bisher wird noch nicht einmal das Embargo gegen Serbien durchgesetzt. Über montenegrinische Häfen vor allem bekommt Serbien so viel Erdöl, daß es den Eroberungskrieg weiterführen kann. Solche Transporte wären leicht zu unterbinden, man müßte es nur wollen. Aber daran fehlt es in Amerika ebenso wie in Europa.

10. Juli 1992

... und kurzsichtig

Ein Schiff und drei Flugzeuge werden mit beobachten, wer in der Adria das Embargo gegen Serbien mißachtet. Im Angesicht des serbischen Vormarschs und der serbischen Massaker in Bosnien-Hercegovina hat sich das westliche Europa zu einer unwirksamen und risikolosen Maßnahme entschlossen; an dieser federleichten Last trägt Deutschland mit. Der Mehrheit der SPD-Politiker ist auch das noch zu viel. Aber sie hat erkannt, daß es schlecht aussähe, deswegen vor Gericht zu ziehen. Man kann nicht sagen, die deutsche Sozialdemokratie habe seit Beginn der serbischen Aggression versagt. Als es um die Anerkennung Kroatiens und Sloweniens ging, sahen einige SPD-Politiker, vor allem Gansel und Voigt, klarer als so mancher in der FDP und in der Union. Doch die SPD will nicht wahrhaben, daß der Westen dem serbischen Krieg und Völkermord mit einer militärischen Aktion ein Ende machen muß. Darin ist sie freilich nicht kurzsichtiger als die meisten anderen Parteien in der westlichen Welt. Den Zerstörer »Bayern« wird Ende Juli ein anderes deutsches Schiff ablösen. Wie lange soll es mit dem folgenlosen Betrachten von Embargo-Brechern sein Bewenden haben?

16. Juli 1992

Der jüngste Schwindel

An der serbischen Kriegführung fällt die Grausamkeit auf, an der serbischen Politik die Dreistigkeit. Um sich ein respektables Aussehen zu geben, hat sich die serbische Führung einen Amerikaner serbischer Herkunft namens Panić als »Ministerpräsidenten« für ihren neuen Schein-Staat namens Jugoslawien geholt. Als das im vorigen Jahr unabhängig gewordene Kroatien einen Kroaten mit amerikanischer Staatsangehörigkeit zum Außenminister ernennen wollte, drohte die Regierung in Washington, sie werde den Mann dann ausbürgern. Bei Panić ging alles glatt. Für diesen Mann hoben die Vereinten Nationen das Verbot des Luftverkehrs mit Serbien auf; und nun durfte er auch noch nach Helsinki fliegen. Er redet, als gehöre er zu den Großen der Welt: Er werde sich dafür einsetzen, daß es Deutschland nie wieder gestattet werde, sich zu bewaffnen. Im Vernichtungskrieg Serbiens gegen Bosnien bietet er seine »Vermittlung« an. Wird die westliche Welt auch noch auf diesen serbischen Schwindel hereinfallen, der den Namen Panić trägt? Wenn es mit rechten Dingen zuginge, könnte dieser Mann Serbien nur auf dem Landweg verlassen, ließe keine westliche Regierung ihn auch nur in ein Vorzimmer.

11. Juli 1992

Im Frühjahr kam der Krieg nach Prozor

Terror der Tschetniks und der »Volksarmee«
in Bosnien-Hercegovina

Für die Kleinstadt Prozor, an der Grenze der Hercegovina zu Bosnien brach der Krieg aus, als die serbischen Tschetniks, unterstützt von der serbischen »Volksarmee«, das kroatische Dorf Ravno bei Trebinje niederbrannten. Das war im vergangenen Frühjahr. Um die gleiche Zeit fielen serbische Verbände in die Stadt Mostar ein und peinigten dort die Bevölkerung, Muslime und Kroaten. Vom Militärflughafen bei Mostar starteten Maschinen der serbischen »Volksarmee«, die kroatische und muslimische Ansiedlungen bombardierten.

Eines Tages wurde im Nachbarkreis Kupreš, auf der Hochebene, geschossen. Da begann die Gemeinde Prozor, unten im Tal, eine Verteidigung aufzubauen. Gräben wurden ausgehoben, Waffen ausgeteilt. Aber viel war nicht zu verteilen. Die Waffen der »Territorialverteidigung« hatte noch in der kommunistischen Zeit eines Tages die Armee fortgeschafft, weil sie der zivilen Konkurrenz nicht traute. So gab es nur das spärliche Arsenal der lokalen Polizei, lauter leichte Waffen.

Der Krieg in der Umgebung von Prozor bestand vor allem darin, daß uniformierte und bewaffnete Serben auf den Landstraßen Autobusse und Personenautos anhielten, die Insassen ausplünderten, beschimpften, bedrohten. Das waren Tschetniks. Mit solchen Menschen hatten die Bewohner der Gegend ein halbes Jahrhundert davor ihre Erfahrung gemacht. 1942 ermordeten serbische Tschetniks in einem Massaker beim Dorf Šćit, keine zehn Kilometer von Prozor, viele hundert Kroaten und Muslime. Neunhundertsechzig Tote sind nachgewiesen. Aber wahrscheinlich starben damals weit über tausend Menschen von den Händen der Tschetniks, die nachher triumphierend mit blutigen Bajonetten umherzogen. Kommunistische Partisanenverbände standen in der Nähe. Sie versuchten nicht, den Massenmord zu verhindern, sie warnten die Bevölkerung nicht einmal.

Nach dem Zweiten Weltkrieg, im kommunistischen Jugoslawien, durfte über das Massaker nicht gesprochen werden. Nie gab es gegen die Täter ein Verfahren. Doch die Untat hatte sich in das Gedächtnis der Leute eingegraben. Es wurde für sie zur Zeitgrenze: »geboren vor den Tschetniks«, »geboren nach den Tschetniks«, so kennzeichnet man noch heute in der Gegend die Generationen.

Im Frühjahr 1992 fing nach den Tschetniks auch die serbische »Volksarmee« in der Umgebung von Prozor mit dem Schießen an. Sie hatte sich schon vorher, weniger bedrohlich, zweimal in der Kreisstadt gemeldet. Eines Tages im Herbst 1991 erschien ein »Volksarmee«-Offizier beim Kreisbürgermeister und fragte, wo die Rekruten aus Prozor blieben. Das war müßig. Der Offizier wußte sicherlich, daß die jungen Kroaten und Muslime nicht zur »Volksarmee« einrückten – und wenn sie dort schon waren, aus ihr desertierten –, weil sie nicht in einem Heer kämpfen wollten, das einen Vernichtungskrieg gegen Kroatien führte und andere Republiken bedrohte. Aber der Offizier stellte streng seine obrigkeitlichen Fragen und verlangte die Liste der Wehrpflichtigen. Die hatte man in Prozor längst beiseite geschafft.

Der Bürgermeister fragte dann seinerseits den Offizier, warum Militärkolonnen immerzu auf den Straßen hin- und herzögen, was die vielen Tiefflüge über Ansiedlungen sollten, warum die »Volksarmee« Kroatien angegriffen habe. »Stellen Sie mir keine Fragen; ich bin gekommen, Sie zu fragen«, fiel ihm der Offizier ins Wort. Bewohner von Prozor hatten den Uniformierten beobachtet, wie er ins Rathaus ging, und nun liefen sie dort zusammen. Sie schrien auf den Offizier ein: »Was suchen Sie hier, warum tragen Sie diese Schanduniform?« Der Bürgermeister brachte die Begegnung rasch zu Ende: »Gehen Sie jetzt, und kommen Sie nie wieder«, beschied er den ungebetenen Gast.

Vierzehn Tage darauf erschienen gleich zwei Offiziere der »Volksarmee« und verlangten wieder die Personalien der Reservisten. Der Bürgermeister sagte ihnen, die Liste sei nicht für die Armee zusammengestellt, sondern für die Territorialverteidigung. Wieder strömten Bewohner von Prozor im Rathaus zusammen. Der Bürgermeister forderte die Offiziere zum Gehen auf und zum Nichtwiederkommen und ließ sie, zu ihrem Schutz, von Polizisten fortgeleiten. Das Volk aber zerstörte im Zorn die Tito-Bilder, die noch aus der kommunistischen Zeit an einigen Stellen im Rathaus hingen; über all den Aufregungen hatte man die Relikte vergessen.

Weitere Besuche der serbischen Armee in Prozor unterblieben bisher, weil die Gemeindegrenze bewacht wird. Die kroatische Verteidigung in Prozor hat Waffen beschafft, ein serbischer Angriff wurde zurückgeschlagen, die Verteidiger hatten zwei Tote und zehn Verwundete zu beklagen. Ob es ein Verband der Tschetniks oder der Armee war, der angriff, ließ sich nicht mit Sicherheit ausmachen. Die Armee hat den Tschetniks nicht nur Panzer und Artillerie gegeben, sondern auch Uniformen. Die Unterscheidung zwischen den beiden Formationen ist fast unmöglich und eigentlich unwichtig geworden.

In Prozor und den dazugehörenden Dörfern sind die Kroaten die große Mehrheit. Die Muslime, eine starke Minderheit, halten sich zu den Kroaten. Den kroatischen Bürgermeister haben sie im vorigen Jahr mitgewählt, der kroatischen Verteidigungstruppe gehören auch Muslime an. Weniger als ein Prozent der Bevölkerung sind Serben. Sie haben ihre Heimat nicht verlassen. An der Volksabstimmung für einen serbischen Staat in Bosnien-Hercegovina, welche die Serbenführer in der Republik veranstalteten, beteiligten sich die serbischen Bewohner von Prozor nicht. Wie tief in ihnen der Zwiespalt der Loyalität und Gefühle ist, wer kann es wissen?

Die Kroaten in Prozor sagen, ihr Volk müsse im Staat seinen gesicherten Platz haben. Deshalb dürfe Bosnien-Hercegovina kein unitaristischer, kein Einheitsstaat sein, weder ein jugoslawistischer noch ein muslimischer. Der Regierung unter dem Präsidenten Izetbegović in Sarajevo stehen sie mit Respekt, aber zurückhaltend gegenüber. Von dort haben sie bisher keine Hilfe, keine Waffen bekommen, nur Fax-Briefe, mit Anweisungen. Weiß die Regierung in Sarajevo, was sie an Prozor hat? Die Stadt, deren Name im Deutschen »Fenster« wäre, ist ein Nadelöhr. Ein Muslim oder Kroate, der aus Bosnien-Hercegovina heraus will, muß durch Prozor fahren. Nur so kann er den kroatischen Adriahafen Split erreichen, der für ihn das Tor zur Welt ist.

In dem nahe bei Prozor gelegenen Dorf hatten die Franziskaner einst eine große Niederlassung, haben sie heute noch eine ansehnliche. Sie liegt auf einer Anhöhe, nur deshalb besteht sie noch. Nach dem Zweiten Weltkrieg wollten die Kommunisten die kroatisch-katholische Bevölkerung von Šćit vertreiben. Sie bauten deshalb dort einen Stausee für ein Wasserkraftwerk. Tausende Bewohner mußten ihre Häuser verlassen; sie gingen nach Kroatien. Viele fanden eine neue Heimat in den Städten Vukovar und Osijek. Dort hat die serbische Menschenvernichtungsmaschine sie vier Jahrzehnte später doch noch zu fassen bekommen.

Kirche und Kloster-Pfarrhaus der Franziskaner aber lagen für das Gewässer unerreichbar hoch. Der Ingenieur, der die Arbeiten leitete, ärgerte sich laut darüber, daß er nicht auch das »faschistische Nest« überfluten könne. Sowenig wie einst dieser Repräsentant des Tito-Humanismus können heute die serbischen Krieger des Milošević-Humanismus den Wassern das Steigen gebieten. Aber vernichten können sie viel, Gut und Menschenleben. Die Bewohner von Prozor sind auf alles gefaßt.

11. Juli 1992

Halbherziger Westen

Zweifelhafte Hilfe

Eine Sondersitzung des Sicherheitsrates verlangt die Republik Bosnien-Hercegovina. In der ostbosnischen Stadt Goražde sind 70 000 Muslime und Kroaten von der serbischen Aggressionsarmee eingeschlossen. Wenn niemand die Serben daran hindert, werden sie die Eingekreisten erst mit Artilleriefeuer, dann mit Massakern dezimieren. Was der Staat Bosnien vom Sicherheitsrat will, liegt auf der Hand: eine Militäraktion gegen Serbien. Die bosnische Regierung weiß, daß die humanitäre Hilfe über den Flughafen Sarajevo gegen das Schlimmste nicht hilft. Die Serben können weiter ungehindert von den Bergen um Sarajevo die Stadt zerschießen. Und die Muslime und Kroaten außerhalb Sarajevos, in Goražde etwa, sehen von den Lieferungen ohnehin nichts. Der Westen schickt Lebensmittel; so fällt es weniger auf, daß er dem bedrängten Bosnien nicht beisteht. Leicht wäre es der westlichen Militärmacht, Luftwaffe und schwere Artillerie Serbiens auszuschalten. Mehr brauchte der Westen nicht zu tun, weil sich die Muslime und Kroaten dann selber wehren könnten. Aber einigen westlichen Regierungen geht es immer noch darum, Serbien den Rücken freizuhalten.

14. Juli 1992

Sogenanntes Embargo

Das Embargo der UN gegen Serbien zeigt seine Wirkung darin, daß der Aggressor nach wie vor soviel Erdöl bekommt, wie er für seinen Angriffskrieg braucht: einen Teil über die montenegrinischen Adriahäfen Kotor (Cattaro) und Bar; Montenegro ist ein Satellit Serbiens. Allerdings sind in beiden Häfen die Kapazitäten für die Übernahme von Erdöl begrenzt. Doch Belgrad ist auf diesen Nachschubweg nicht angewiesen. Zwei südosteuropäische Staaten, Rumänien und Griechenland, schicken auf dem Landweg Petroleum nach Serbien. Sie tun es teils aus politischen Gründen, teils wegen der gemeinsamen Zugehörigkeit zur Orthodoxie; und sie verdienen auch daran. Die Zufuhr über See will das westliche Europa jetzt nicht etwa verhindern, sondern von Schiffen beobachten und registrieren lassen. Gegen Rumänien und Griechenland wird nichts unternommen. Unterdessen führt Serbien seinen Völkermord in Bosnien-Hercegovina und seinen Krieg gegen Kroatien weiter. Recht ohne Macht werde zu einer Lächerlichkeit, sagt der österreichische Außenminister Mock. Doch wer wollte über diese Schande lachen? Der Westen ist tief gesunken.

15. Juli 1992

Tödliches Abwarten

Ob die jüngste Waffenstillstands-Abrede in Bosnien-Hercegovina schließlich doch noch eingehalten werde, möchte der britische Außenminister Hurd abwarten. Was gibt es da zu warten? Der Krieg wird dauern, solange die Streitmacht, die der Staat Serbien von seiner Armee abgezweigt hat, in dem gequälten Land steht und solange sich die Muslime und Kroaten den Serben nicht unterworfen haben. Westliche Politiker, die Erwartungen nähren in immer neue Absprachen über eine Feuereinstellung, verschaffen der serbischen Streitmacht Zeit, im-

73

mer mehr von Bosnien-Hercegovina in ihre Hand zu bringen und von nichtserbischen Bewohnern »zu reinigen«. Gleiches gilt für die warmherzige Aufmerksamkeit, mit der manche westliche Staatsmänner den neu-jugoslawischen sogenannten Ministerpräsidenten Panić anhören. Er soll den Westen davon abhalten, etwas Ernsthaftes gegen Serbien zu unternehmen. Seine Vorschläge wirken dreist – etwa der, Bosnien-Hercegovina zu entmilitarisieren; während es doch darum geht, die in Kroatien und Bosnien stehende serbische Aggressionsarmee endlich zu entwaffnen. Unterdessen kommen Muslime und Kroaten zu Tausenden um.

21. Juli 1992

Herumdoktern statt handeln

Außenminister Kinkel ist enttäuscht, weil es der Staatengemeinschaft nicht gelingt, dem Krieg Serbiens gegen Bosnien ein Ende zu machen. Aber wie kann man enttäuscht sein, daß etwas ausbleibt, was nicht mit Ernst betrieben wurde? »Wir doktern mit allen möglichen Mitteln herum und kriegen es nicht in den Griff«, sagt Kinkel. In Wahrheit üben sich die internationalen Organisationen im Gesundreden. Keine einzige einschneidende Maßnahme haben sie bisher gegen Serbien ergriffen. Die internationale Militärintervention, die Kinkel sogar heute noch die letzte Option nennt, war schon im vorigen Sommer notwendig: Dann hätte Serbien seinen Krieg gegen Kroatien abbrechen müssen und den gegen Bosnien gar nicht erst beginnen können. Diesem Befund hätte der CDU-Außenpolitiker Lamers vor einem Jahr sicherlich widersprochen. Heute erkennt er, daß nur militärischer Einsatz Serbien zwingen kann, von seinem Völkermord in Bosnien-Hercegovina abzulassen. Aber was werden die westlichen Staaten zu seiner Folgerung sagen, da doch Deutschland noch nicht einmal bereit ist, Truppen dorthin zu schicken, wo kein Krieg tobt, sondern nur der Frieden zu sichern ist?

22. Juli 1992

74

Ins Kleine geflüchtet

Wie der Bundestag den Krieg erörtert

In Europa wütet seit über einem Jahr ein grausamer Krieg, der Eroberungs- und Vernichtungsfeldzug Serbiens gegen seine Nachbarstaaten Kroatien und Bosnien-Hercegovina. Die Zahl der Todesopfer unter den Kroaten (in beiden angegriffenen Ländern) und den bosnischen Muslimen hat die 50 000 längst überschritten. Zu den im Kampf Gefallenen kommen die von Serben ermordeten Zivilisten – Frauen und Kinder sind darunter – und Kriegsgefangenen. Weite Regionen Kroatiens und Bosniens sind verwüstet, ihre kroatischen und muslimischen Bewohner von den Serben verjagt. Hunderttausende Kriegsvertriebene und Kriegsflüchtlinge irren umher. Seit dem Zweiten Weltkrieg hat es in Europa solches Elend nicht mehr gegeben. Die Völker Europas aber kümmern sich kaum darum. In Deutschland, zum Beispiel, lassen sich weder die Schriftsteller noch die Künstler, noch die Gelehrten, noch die Kirchen von der Katastrophe nachhaltig in Bewegung bringen. Anderwärts herrscht noch ungenfiertere Gleichgültigkeit; das mindert das deutsche Versäumnis nicht.

Versagt haben auch die deutschen Politiker. Längst hätte der Bundestag in einer Sondersitzung die Not der von Serbien gemarterten Völker sich und den Deutschen vor Augen führen und darüber beraten sollen, wie sich der Aggression ein Ende setzen lasse. Damit hätten sie sich und das Volk aus der Teilnahmslosigkeit des entfernten Zuschauers reißen können.

Nun hat der Bundestag den Krieg erörtert. Doch die Veranstaltung war zu ihrem größeren Teil dem Gegenstand nicht

angemessen. Soll das die Antwort der deutschen Volksvertretung auf die Frage gewesen sein, die der serbische Völkermord an sie stellt? Entsprach die Parlamentsdebatte in ihrem Inhalt und in den Formen der historischen Stunde?

Sie blieb allenthalben unter diesem Maß. Das kam daher, daß die meisten Redner nicht vor allem über das Elend und die Schande Europas in den Jahren 1991 und 1992 sprechen wollten, sondern mehr über die deutsche Bündnispolitik, den Zweck der deutschen Streitkräfte und darüber, was das Grundgesetz dazu sage. Eigentlich wollten die Politiker darüber ihre Ansichten nicht darlegen, offen und zum Aufnehmen neuer Überlegungen bereit. Es ging darum, daß die Opposition ihre Unschlüssigkeit mit einem öffentlichen Auftritt zu überspielen und zugleich die Regierung bloßzustellen suchte. Dieser wiederum kam es darauf an, die Risse in der Opposition zu verbreitern und sich als einig und überlegen darzustellen. So pflegt es bei Bundestagsdebatten herzugehen. Aber warum ist das Parlament nicht imstande, bei einem Gegenstand, der ungeheuerlicher und entsetzlicher nicht sein könnte, einmal für einen halben Tag seine Streit-Routine zu verlassen?

Außenminister Kinkel tat es. In seiner Eröffnungsrede, Regierungserklärung genannt, rief er den Zuhörern ins Bewußtsein, was über mehrere Völker und Staaten in Südosteuropa hereingebrochen ist und was das für den Kontinent bedeutet. Es waren die richtigen Worte. Bei solchen wäre er sicherlich gern bis zum Schluß geblieben. Aber das ging nicht, weil der Antrag der Opposition, der zur Einberufung des Parlaments geführt hatte, der Sitzung nicht den Krieg in Europa, sondern ein Kapitel der deutschen Politik zu erörtern aufgegeben hatte. Die Fraktionsvorsitzenden entgingen dieser Einengung noch viel weniger, sie wollten es auch gar nicht. Über die militärpolitischen Möglichkeiten, Interessen, Notwendigkeiten Deutschlands zu streiten kommt dem Bundestag zu. Er kann das jederzeit tun, in der Sitzungszeit und auch in den Parlamentsferien. Aber er durfte nicht die Debatte, in der endlich über die europäische Katastrophe am Ende des Jahrhunderts gesprochen werden konnte, mit deutschem Streitstoff von vornherein so sperrig beladen, daß das unverhältnismäßig Wichtigere, das Schicksal um ihr Leben kämpfender Völker, immer wieder an den Rand geriet.

Es schnürte die Debatte besonders ein, daß sie nach dem Willen derer, die sie verlangt hatten, um die deutsche Beteiligung an der Schiffs-Beobachtungs-Aktion in der Adria zu kreisen hatte. Die Sanktionspolitik der internationalen Organisationen gegen den Aggressor Serbien ist insgesamt gezeichnet von einem Mangel an Ernsthaftigkeit; sie verdient ihren Namen nicht. Schon im vorigen Jahr wurden gegen Serbien Sanktionen verhängt; keine einzige hat gewirkt. So konnte man es vorhersehen, und so war es wohl von den meisten der Urheber gewollt.

Die Sanktionen dieses Jahres, von den Vereinten Nationen beschlossen, treffen Serbien wiederum nicht, schon weil mehrere Staaten sie unterlaufen. Nun will der Westen den Brechern einer Blockade, die es gar nicht gibt, mit Beobachten beikommen, mit dem Fernglas. Man kann mit einiger Selbstverleugnung zugestehen, das sei immerhin besser als nichts; es lasse erkennen, daß der Wille zur Tat nicht ganz erstorben sei. Doch wie soll eine Parlamentsdebatte, die an eine so kleine, so weit hinter dem Notwendigen zurückbleibende Maßnahme angebunden ist, die Erkenntnis über die säkulare Untat voranbringen, welche auf südslawischem Boden geschieht? Kommt so die Bereitschaft zum Ausdruck, dem großen Verbrechen verantwortungsvoll entgegenzutreten? Daraus ist jetzt im Bundestag nichts geworden.

Wenigstens, das scheint nun sicher zu sein, täuscht sich in Bonn niemand mehr darüber, daß es Völkermord ist, was Serbien in Kroatien und in Bosnien-Hercegovina begeht. Wer immer in der Welt sich das vor Augen hält, wird vielleicht doch noch, spät, zu den gebotenen Entschlüssen finden.

24. Juli 1992

Der Exodus aus Bosnien

Warum sie fliehen

Deutschland nimmt 5000 Flüchtlinge aus Bosnien auf; manch anderer Staat nicht einen einzigen. Die Aufnahmebereitschaft unseres Kontinents bleibt unendlich weit zurück hinter dem, was nötig wäre. Und das wird immer mehr. Serbien hat mit seiner Politik des Eroberns und nationalen Säuberns Erfolg. Je weiter es seine Herrschaft über Bosnien ausdehnt, desto mehr Kräfte hat es frei gegen die letzten Inseln der Muslime und Kroaten, die sich noch halten. Darum wird der Strom der Vertriebenen und Fliehenden noch anschwellen.

Anders wäre es, wenn die zivilisierte Welt Serbien in den Arm fiele. Aber dazu ist sie nicht bereit. Das liegt nicht an durchdringendem Pazifismus. Dem Irak drohen die Vereinten Nationen, Amerika und mehrere seiner Verbündeten mit einem militärischen Schlag. Dafür haben sie Argumente. Aber zwingender sind die Gründe für ein Eingreifen gegen Serbien. Dessen Streitkräfte begehen in Bosnien Völkermord nicht nur mit Geschützen und Flugzeugen, sondern auch mit Pistolen und Messern. Die Berichte Entkommener über serbische Massaker an Muslimen und Kroaten häufen sich. Soeben hat der oberste islamische Geistliche in Bosnien sein Land ein Massenschlachthaus für Muslime genannt; allein in der Stadt Višegrad an der Drina haben nach seiner Kenntnis die Serben 1500 muslimische Zivilisten ermordet. Dagegen ist mit »humanitärer Hilfe« nichts auszurichten. Die beschlossenen Sanktionen gegen Serbien sind ein Schlag ins Wasser. Doch bis jetzt hat nur der Unionspolitiker Gerster ausgesprochen, was sich daraus ergibt: daß ein gezielter militärischer Schlag mit technischen Mitteln gegen serbische Flugplätze und andere militärische Einrichtungen geboten ist. Was wird ihm erwidert? Der Bundeskanzler sagt, er sei dagegen. Der SPD-Politiker Lafontaine hängt sich an Kohl an und begrüßt dessen »klare Absage«. Dürftig ist, was der Unionspolitiker Stercken bemerkt. Der Sozialdemokrat Gansel warnt vor einer Eskalation. Doch gerade die Untätigkeit der Welt hat den serbischen Mordkrieg so hoch aufflammen lassen.

Deutschland würde sich an einer militärischen Aktion sicher nicht beteiligen; deshalb klänge deutsches Dringen darauf für andere Staaten wenig überzeugend. Aber warum müssen deutsche Politiker auch noch den Regierungen der Welt zureden, beim verantwortungslosen Zuschauen zu verharren?

27. Juli 1992

Der Flüchtlingsstrom schwillt an

Wenn alle europäischen Staaten ihre Pflicht täten, brauchte es keine Flüchtlingskontingente, wie sie Bundeskanzler Kohl vorschlägt. Doch die meisten Staaten entziehen sich ihrer Pflicht. Nur Österreich und Ungarn, Deutschland und die Schweiz strengen sich an. Die Regierung in Bern sagt, sie wolle noch 10 000 aus Bosnien Vertriebene aufnehmen – doch nur, wenn ein internationaler Verteilungsschlüssel gefunden werde. Dazu kommt es nicht, weil Staaten wie Großbritannien und Frankreich sich verweigern. Sie wollen ihre Tore verschlossen halten und lassen sich deshalb auch auf eine Kontingent-Regelung nicht ein. In London und Paris begründen die Regierungen ihre Politik der versperrten Tür mit dem Hinweis, es sei besser, an Ort und Stelle zu helfen. Wie das geschehen soll, sagen sie nicht.

Die serbische Armee hat schon den größten Teil Bosniens in ihrer Hand, und sie setzt ihren Eroberungskrieg fort. Neuerdings sieht es so aus, als wolle sie auch noch den nordwestlichen Zipfel, die Region um die Stadt Bihać, an sich bringen. Erobern aber heißt bei ihr: von Nichtserben säubern. Die Hochkommissarin der UN für Flüchtlinge spricht aus, worum es dem Aggressor geht: Die Vertreibung von Menschen scheine das Ziel und nicht nur eine Folge des serbischen Krieges zu sein. Da die serbische Armee mit ihrer unermeßlichen waffentechnischen Überlegenheit den Kriegsschauplatz beherrscht, wird es immer neue Massenvertreibungen geben. Wo soll dann in Bosnien der Platz sein für Schutzzonen, in denen Hunderttausende vor den Serben und auch vor dem Hungertod sicher wären?

Da die zivilisierte Welt den Aggressor seinen Krieg in Ruhe führen läßt – wer sollte ihn davon abhalten, eines Tages auch das Amselfeld mit Krieg und Massakern von der nichtserbischen Bevölkerung »zu reinigen«, von den Albanern? Auch Mazedonien, das die Serben als »Südserbien« betrachten, sieht sich gefährdet. Vielleicht wird man in Belgrad eines Tages befinden, das eroberte Drittel Kroatiens sei nicht genug. Wer Serbien seinen Krieg führen läßt, ist mitverantwortlich für die Ströme von Vertriebenen. Darüber wird im Westen immer mehr nachgedacht; aber ein Umdenken in den Regierungen steht noch aus. In Amerika kritisiert der demokratische Präsidentschaftsbewerber die Politik des Zuschauens. Würde er wirklich etwas gegen Serbien unternehmen, wenn er Präsident wäre?

30. Juli 1992

Hochherziges Kroatien

Die westliche Nahrungsmittelhilfe für Sarajevo ist nur ein Tropfen auf den glühenden Stein der Not in Bosnien. Wer hilft den Zehntausenden Muslimen, die in der Stadt Goražde an der Drina von den serbischen Streitkräften eingeschlossen sind, sich verzweifelt wehren, aber vor dem Verhungern und Verdursten stehen? Und wer hilft den Hunderttausenden, die in anderen, für die Welt namenlosen Orten Bosniens schutzlos der serbischen Armee ausgeliefert sind? Die mit dem Leben davonkommen, werden Zuflucht im westlichen Europa suchen, vor allem in Deutschland. Der kroatische Botschafter in Bonn schlägt vor, muslimische Flüchtlinge in Kroatien unterzubringen; das sei billiger, als sie hier aufzunehmen. Ein hochherziges Angebot; ist doch Kroatien schon überfüllt mit kroatischen Vertriebenen. Bei der kroatischen Regierung in Zagreb wäre jetzt schnell zu erkunden, was daraus werden kann. Welche Art von Dach sollten die Aufgenommenen über dem Kopf haben? Müßten schnell aus Fertigteilen Notwohnungen gebaut oder Zelte aufgestellt werden? Der Vorschlag ist ernst zu nehmen; anders als die Idee in mehreren westlichen Hauptstädten, die Muslime sollten in Bosnien versorgt werden – das zu einer Hölle geworden ist.

1. August 1992

Bosnien ohne Hilfe

Im Westen nichts Neues: Worte statt Taten

Die Debatte um eine eventuelle militärische Aktion gegen Serbien leidet unter Verfälschung. Immer wieder warnen Politiker davor, Bodentruppen nach Bosnien zu schicken, weil ein Landkrieg gegen die serbischen Streitkräfte in den Bergen und Wäldern nicht zu gewinnen sei. Das mag richtig oder falsch sein – darauf kommt es nicht an. Denn ein Bodenkrieg ist nicht das, was heute notwendig wäre, um Bosnien wirksam zu helfen; ebensowenig das, worum die bosnische Regierung die Welt inständig bittet. Wir haben es hier mit dem simplen Trick zu tun, über das falsche Thema zu reden, um vom richtigen abzulenken.

Worum es geht, das ist vielmehr eine Reihe von Schlägen aus der Luft gegen die Waffensysteme in der Hand Serbiens, denen die bosnischen Muslime und Kroaten nichts entgegenzusetzen haben: Luftwaffe, Artillerie, Panzer. Der frühere französische Generalstabschef Lacaze hat gesagt, eine solche Aktion wäre möglich und würde genügen.

Doch wahrscheinlich wird daraus nichts werden. Alle westlichen Mächte, die einer solchen Aufgabe angemessene Streitkräfte haben, scheuen vor einem Militäreinsatz zurück, der Serbien die Aggressionsfähigkeit nähme. In den Vereinigten Staaten will der Präsident nicht die ohnehin geschrumpften Chancen seiner Wiederwahl mit einem Krieg zunichte machen. Zwar sind die großen amerikanischen Zeitungen umgeschwenkt; sie verlangen jetzt ein bewaffnetes Eingreifen. Doch Bush rechnet, daß nicht einige große Zeitungen, sondern unzählige kleine Leute ihn zum zweiten Mal ins Präsidentenamt bringen können. Die französische Staatsführung kommt nicht los von ihrem Hang, Serbien zu schützen.

Dazu kommt, ähnlich wie in London, Eifersucht auf Deutschland, das sich aus Pariser Sicht in Südosteuropa eine Einflußzone aufbaue – obwohl doch in Wahrheit die Bonner Regierung durch gehorsames Sicheinordnen in die atlantische Politik des Abwartens die Sympathien allmählich wieder verliert, die sie im vorigen Jahr mit ihrem beherzten Kampf um die Anerkennung Kroatiens, Sloweniens und Bosniens in dieser europäischen Region gewonnen hatte. Da die deutsche Politik, Regierung wie Opposition, sich nun einmal im Wege verfehlter Auslegung des Grundgesetzes dazu verurteilt hat, militärischen Aktionen außerhalb der eng aufgefaßten Zwecke Landesverteidigung und Nato-Pflichten fernzubleiben, kommt ein Bonner Beitrag zur Rettung Bosniens nicht in Betracht.

Aber wie in einem Drang, ein Übersoll an Nicht-Hilfe für Bosnien zu leisten, reden die maßgeblichen deutschen Politiker nun auch noch gegen einen Militäreinsatz in Bosnien, den ausschließlich andere Staaten zu führen hätten. Im UN-Generalsekretariat lebt noch die alte Anhänglichkeit an das »blockfreie« Jugoslawien, das in Wahrheit nicht blockfrei war, sondern der Sowjetunion zuneigte. Das zerfallene Jugoslawien aber erkennen die Blockfreiheits-Nostalgiker in den UN am ehesten im heutigen Serbien wieder.

Unter solchen Umständen wird die nötige Übereinstimmung für eine militärische Aktion gegen Serbien kaum zustande kommen. Man kann sogar einräumen, daß sie ihre militärtechnischen Schwierigkeiten hätte. Die serbische Armee ist heute mit ihren schweren Vernichtungswaffen so über Bosnien-Hercegovina verteilt, daß mit einigen wenigen Schlägen aus der Luft nicht viel auszurichten wäre. Vor über einem Jahr noch, als Serbien Kroatien und Slowenien überfiel, hätte eine massive militärische Drohung des Westens in Belgrad gewirkt. Der ganze Krieg wäre schnell zu Ende gewesen; Zehntausende Menschen, die seine Opfer geworden sind, würden noch leben.

Doch damals war der Westen noch nicht einmal bereit, Kroatien und Slowenien völkerrechtlich anzuerkennen. Die Politik des Hinauszögerns, des Abwartens, des Hinnehmens immer neuer serbischer Rechtsbrüche, Gewalttaten und Grausamkeiten hat die Bedingungen immer schwieriger werden lassen, unter denen Serbien in die Schranken zu weisen gewesen wäre.

Kann aber die zivilisierte Welt sich nicht aufraffen, Serbien mit Waffen entgegenzutreten, dann muß sie wenigstens dem um sein Leben kämpfenden Bosnien Waffen geben, damit es sich selber rette. Das wäre nach der ersten, versäumten die nächste moralische Pflicht. Aber auch ihr verweigert sich die Welt. Und wiederum hört man deutsche Politiker mitposaunen. Mit militärischen Mitteln ließen sich die Probleme in Jugoslawien nicht lösen – dieser in Bonn oft zu hörende Satz charakterisiert ein politisches Denken, dessen Maximen heißen: nichts sehen, nichts wissen, nichts weiterdenken, schon gar nicht etwas zu Ende denken, nur keine Verantwortung übernehmen.

Die Verantwortungs-Verweigerer aller Länder, auch Deutschlands, haben ihre Methoden des Ablenkens. Sie rufen mit lauter Stimme danach, endlich die gegen Serbien beschlossenen Sanktionen durchzusetzen. Doch niemand hindert Schiffe, mit welcher Ladung auch immer, montenegrinische, das heißt serbische Häfen anzulaufen. Niemand kümmert sich um die Flotten von Tanklastwagen, die aus Griechenland über das ohnmächtige (und vom Westen in seiner Ohnmacht festgehaltene) Mazedonien Öl nach Serbien transportieren. Niemand kontrolliert, was Serbien alles aus Rumänien bekommt. Dem serbischen Staat sollte der Luftverkehr abgeschnitten werden. Doch der serbische Schein-Ministerpräsident Panić kann nach Belieben in der Welt umherfliegen.

Die ganze Sanktionspolitik war von Anfang an nichts als Heuchelei. Und die Lebensmittellieferungen nach Sarajevo sind eine humanitär herausgeputzte spanische Wand, hinter der die westlichen Regierungen zu verstecken suchen, daß sie das Gebotene unterlassen.

13. August 1992

Potjomkin läßt grüßen

Serbische »Erholungslager«

Anstatt Serbien zum Abbruch seines Vernichtungskrieges zu zwingen, sucht der Westen, wie auf der Flucht vor sich selbst, Nebenfelder auf, wo ihn die Serben auch noch an der Nase herumführen. Auf den ersten Blick nimmt sich die Idee verdienstvoll aus, Beauftragte des Roten Kreuzes sollten die serbischen Gefangenenlager aufsuchen und dort den Unmenschlichkeiten auf die Spur kommen. Doch jedem mußte klar sein, daß die Serben die Spuren in den Lagern verwischen würden. Nichts fällt ihnen leichter, als Gefangene aus einem Lager verschwinden zu lassen. Leicht ist es auch, Besuchern einige potjomkinsche Erholungslager hinzustellen. Die Gefangenenlager sind nicht der einzige und nicht einmal der hauptsächliche Tatort von Grausamkeiten. Unzählige Muslime und Kroaten sind seit Kriegsbeginn fernab von Lagern ermordet oder gemartert worden: in einem Haus, in einem Garten, einem Waldstück, am Ufer eines Flusses, auf einem Lastkraftwagen. Es hat wenig Sinn, Lager zu besichtigen, welche die serbischen Streitkräfte großmütig einer Untersuchungskommission öffnen, und darüber hinwegzuschauen, wie sie auf siebzig Prozent des Territoriums von Bosnien-Hercegovina Völkermord verüben.

14. August 1992

Säuberungsziel erreicht

Realistisch beschreibt der Auswärtige Ausschuß des amerikanischen Senats den serbischen Krieg in Bosnien. Er hält vor allem fest, daß nicht in erster Reihe die Lager Tatorte des Völkermords sind, sondern daß mehr Menschen beim Vertreiben, beim ethnischen Säubern von den Serben getötet worden sind. Vor wenigen Tagen noch hatte der Präsident des Internationalen Komitees vom Roten Kreuz behauptet, Kroaten, Muslime und Serben trügen für die Greuel in Bosnien die gleiche Verantwortung. Offenbar hat er sich ganz auf Erkundungen in serbischen Gefangenenlagern gestützt. Aber wer den Krieg seit seinem Beginn verfolgt hat, der weiß, daß die serbischen Streitkräfte Kroaten und Muslime vor allem dort martern und umbringen, wo sie ihrer habhaft geworden sind. Die Serben hätten in Bosnien ihr Säuberungsziel eigentlich schon erreicht, befinden die amerikanischen Senatoren. Der Westen tat nichts. Hätte er nicht wenigstens die serbische Luftwaffe auf dem Boden festhalten können? Der deutsche Verteidigungsminister Rühe, zum Beispiel, sprach gegen jegliches militärische Eingreifen, obwohl Deutschland ohnehin nicht mitgetan hätte. So etwas lassen sich die anderen westlichen Regierungen nicht zweimal sagen.

20. August 1992

Massenmord in serbischen Lagern

Bericht einer Arbeitsgemeinschaft humanitärer Organisationen

Die Regierung in Sarajevo wirft den westlichen Staaten und den internationalen politischen Organisationen vor, sie nähmen, obwohl ihnen der Sachverhalt seit Monaten bekannt gewesen sei, erst jetzt offiziell Notiz von den Massenmorden und Massentorturen in Gefangenenlagern, in denen die serbischen Streitkräfte Teile der nichtserbischen Bevölkerung von Bosnien-Hercegovina zusammengetrieben haben. In diesem Sinn hat sich neulich der Botschafter Bosnien-Hercegovinas bei den Vereinten Nationen beklagt.

Tatsächlich hat schon am 3. Juni dieses Jahres eine Arbeitsgemeinschaft von der Regierung unabhängiger humanitärer Organisationen in Bosnien-Hercegovina einen Bericht vorgelegt, der die Konzentrationslager und Gefängnisse aufzählt, welche die serbischen Streitkräfte auf dem Boden des Staates Bosnien-Hercegovina betreiben, und für jedes Lager, soweit bekannt, die Zahl der Gefangenen und der Getöteten nennt. Die Arbeitsgemeinschaft, die den Namen »Rettet die Menschlichkeit« führt und der unter anderem das Rote Kreuz von Bosnien-Hercegovina und die bosnisch-hercegovinische Vereinigung für die Vereinten Nationen angehören, weist darauf hin, daß die Zahlen in dem Bericht die Wirklichkeit nur annähernd wiedergäben. Dies erklärt sich daraus, daß die Arbeitsgemeinschaft keinen Zutritt zu den serbischen Lagern hat und deshalb für ihren Bericht auf Aussagen entkommener und freigelassener Lagerinsassen sowie anderer Augenzeugen angewiesen war.

Unter den Mordstätten steht danach an erster Stelle das Lager im Save-Hafen von Brčko, wo mehr als dreitausend Gefangene umgebracht worden sein sollen; Ende Juni hielten sich dort nach dem Bericht noch fünftausend Gefangene auf. Weitere besonders berüchtigte Todeslager: das Fußballstadion des Klubs »Brüderlichkeit« in der westbosnischen Stadt Zvornik – über zweitausend Tote. Das Gefängnis in Foča, nahe der Grenze zu Montenegro – über tausend Tote. Das Sportzentrum in Višegrad an der Drina – tausend Tote. Das Lager Sušica in Vlasenica – über tausend Tote. Die Hotelpension »Sonja« in Vogošća – über hundert Tote. Das Lager Vraca in Sarajevo – über fünfhundert Tote. Eine Keramikfabrik in Zvornik – über vierhundert Tote.

Ende Juli hat die Arbeitsgemeinschaft »Rettet die Menschlichkeit« die Zahl der im serbischen Angriffskrieg gegen Bosnien-Hercegovina getöteten Zivilpersonen auf hunderttausend geschätzt. »Rettet die Menschlichkeit« hat auch eine Liste von Konzentrationslagern und Gefängnissen auf dem Territorium der Staaten Serbien und Montenegro herausgegeben, in welche die serbischen Streitkräfte Bürger des Staates Bosnien-Hercegovina verschleppt haben. Hier finden sich unter anderem die Orte Batajnica nicht weit von Belgrad, wo die serbische Luftwaffe einen Flughafen hat; Belgrad (in den Baracken »4. Juli«); Niš (im Militärlager); Aleksinac (in einem aufgelassenen Bergwerk); Herceg Novi (ein bekanntes Heilbad an der montenegrinischen Adriaküste).

25. August 1992

Ermächtigung zum Völkermord

Der UN-Sicherheitsrat sollte sich lieber nicht mit seinen beiden jüngsten Resolutionen zum Krieg in Europa brüsten. Was geboten ist, unterläßt er. Keine Rede von einer militärischen Aktion mit dem Ziel, Serbien vom Kriegführen abzubringen. Statt dessen Redensarten, die mit der Wirklichkeit nichts zu tun haben. Eine politische Verhandlungslösung sei dringend nötig, heißt es. Die Serben wollen nicht verhandeln. Warum sollten sie auch, da doch Nichtverhandeln ihnen nur Vorteile bringt. Nicht mehr Sinn hat die Behauptung, humanitäre Hilfe in Bosnien-Hercegovina sei ein Beitrag, Frieden und Sicherheit dort wiederherzustellen. Zu einem Ende des Krieges trägt diese Hilfe nichts bei. Aber den westlichen Ländern, die Bosnien nicht helfen wollen, dient sie als Ausflucht. Keinen Eindruck wird in Belgrad die Forderung machen, die Konfliktparteien sollten unverzüglich die militärischen Aktivitäten einstellen. Ungezählte solche Aufrufe haben die Serben mißachtet; warum sollten sie diesem folgen? Sie lesen sicher mit Vergnügen, daß der Sicherheitsrat sich mit dem Verlangen an alle Seiten wende, also auch an die bosnischen Muslime. Die sollen offenbar aufhören, sich gegen den Völkermord zu wehren, den Serbien an ihnen begeht.

Nach dieser politisch-moralischen Gießkannen-Methode sind die beiden Resolutionen durchweg gearbeitet. Der Sicherheitsrat spricht von »allen Konfliktparteien«, von »den Behörden im ehemaligen Jugoslawien«, er erwähnt die Massenvertreibungen von »Zivilpersonen«. Nirgends ein Wort davon, welcher Staat diesen Vernichtungskrieg angefangen hat, wer ihn führt und welche Völker die Opfer sind. Nicht einmal dort, wo die »ethnischen Säuberungen« verurteilt werden, findet sich ein Hinweis darauf, welche Macht sie mit ihren Streitkräften betreibt. Nicht ein einziges Mal kommt in den beiden Texten das Wort »Serbien« vor. Eine gespenstische Lektüre.

Das einzige, was der Sicherheitsrat zustande gebracht hat, ist eine Ermächtigung, zum Schutz der »humanitären« Lieferungen auch militärische Mittel einzusetzen. Nicht einmal das steht in klaren Worten da. Aber schon sagt der britische UN-Botschafter, erst seien »alle anderen Möglichkeiten auszuschöpfen«. Sie werden so lange weitersuchen, bis die bosnischen Muslime verblutet sind.

15. August 1992

Einst waren sie die Ersten im Land

Was die bosnischen Muslime hinter sich haben

Lang ist es her, daß die bosnischen Muslime in ihrem Land den Ton angaben. In der Türkenzeit, die in Bosnien-Hercegovina 400 Jahre dauerte – von 1463, als der letzte bosnische König Stjepan Tomašević in Jajce dem türkischen Heer unterlag, bis 1878, bis zum Berliner Kongreß, der Österreich-Ungarn ermächtigte, Bosnien-Hercegovina zu besetzen –, standen sie, weil sie zur »richtigen« Religion übergetreten waren, über den beiden anderen Religionsgemeinschaften: den Orthodoxen und den Katholiken.

Die Orthodoxen waren ethnisch Serben, die Katholiken Kroaten. Über die ethnische Herkunft der bosnischen Muslime herrscht Streit. Die Ansicht, sie seien die Nachkommen einer im zwölften Jahrhundert nach Bosnien-Hercegovina abgewanderten kroatischen Bevölkerung aus Bauern und kleinem Landadel, hat gute Gründe für sich, wenn freilich auch sie nicht als bewiesen gelten kann.

Es verstand sich von selbst, daß die Türken in dem von ihnen eroberten Bosnien diejenige Volksgruppe zur Oberschicht erhoben, die nach der Besetzung den muslimischen Glauben angenommen hatte – schnell, ohne Zaudern, ohne Vorbehalte, »wie ein Mann«, schrieb ein Kenner der bosnischen Geschichte. Die bosnischen Muslime stellten den Landadel mit größerem oder kleinerem Besitz. Sie waren, neben Türken, die Beamten der türkischen Verwaltung und die Offiziere der türkischen Truppen im Land.

Aber nicht nur in ihrem Land waren sie die Oberschicht.

Bosnische Muslime bekleideten hohe Ämter am osmanischen Hof in Istanbul, aus ihren Reihen kamen Großwesire. Die Elitetruppe der Janitscharen, die in der Hauptstadt oftmals ein maßgebliches Wort in der Politik sprach, zum Beispiel Sultane absetzte, bestand zu einem großen Teil aus bosnischen Muslimen. Und bosnische Muslime kämpften in vorderster Front und mit besonderem Einsatz, als die Türken im sechzehnten und siebzehnten Jahrhundert nach Mitteleuropa vordrangen. Als das Osmanische Reich in der ersten Hälfte des neunzehnten Jahrhunderts mit Heeres- und Gesellschaftsreformen seine lebensgefährlichen Versteinerungen aufzubrechen versuchte, standen die bosnischen Muslime an der Spitze der beharrenden Kräfte. Mit einem Aufstand um 1830 wollten sie den Wandel verhindern.

Man übertreibt nicht, wenn man die bosnischen Muslime die treuesten und tapfersten Kämpfer der Osmanen nennt. Doch es stimmt nicht, daß die bosnischen Muslime heute religiöse Fundamentalisten seien, wie eine serbische Propaganda behauptet. Sie gehören vielmehr in der islamischen Welt zum toleranten Flügel.

Mit ihrer Herrlichkeit war es aus, als 1878 das Habsburgerreich Bosnien-Hercegovina besetzte. Die Muslime leisteten dem Heer des Kaisers und Königs Franz Joseph erbitterten Widerstand. An die drei Monate dauerte es, bis die Armee der Donaumonarchie Bosnien-Hercegovina ganz in der Hand hatte.

Für die bosnischen Muslime war nun eine Welt zusammengebrochen. Viele von ihnen wollten nicht einem ungläubigen Herrscher untertan sein und wanderten in die Türkei ab. Die blieben, nahmen ihr Schicksal mit dumpfer Resignation hin. »Wie Meerespflanzen auf dem Trockenen«, so hat Ivo Andrić, der Dichter aus Bosnien, in seinem bekanntesten Roman, »Die Brücke über die Drina«, diesen Zustand der bosnischen Muslime beschrieben. An wen sollten sie sich nun halten?

Die Serben, die Orthodoxen in Bosnien-Hercegovina, sahen

eine Chance, die Muslime politisch für sich zu gewinnen, und nutzten sie. In der Türkenzeit hatte sich die Abneigung zwischen beiden Volksgruppen in Grenzen gehalten. Für die türkische Obrigkeit und damit auch für die bosnischen Muslime waren die Orthodoxen bessere Ungläubige als die Katholiken. Die Osmanen hatten das orthodoxe Patriarchat im 1453 eroberten Konstantinopel bestehen lassen, und sie hatten ein Jahrhundert später das serbische Patriarchat im ebenfalls eroberten südserbischen Peć (türkisch: Ipek) wiedererrichtet. Die Orthodoxie war ihnen nützlich als Instrument gegen die katholische Welt, den Erzfeind; die antitürkische Koalition bestand aus lauter katholischen Mächten: aus Österreich, Venedig, Polen, dem Papst.

So waren die Orthodoxen in Bosnien während der türkischen Herrschaft zwar zurückgesetzt; doch erging es ihnen viel besser als den Katholiken, auf die sich der ganze Unterdrückungseifer der türkisch-muslimischen Obrigkeit entlud. Unter türkischem Druck traten in Bosnien und der Hercegovina viele Katholiken zur Orthodoxie über. Deshalb war es nun, unter Österreich-Ungarn, nicht schwer, eine Brücke zu schlagen von den Serben, welche die Habsburger-Herrschaft heftig ablehnten, zu den Muslimen, die sich jedenfalls am Anfang schwer mit ihr abfinden konnten. Als die bosnischen Serben 1907 verlangten, Bosnien-Hercegovina solle ein autonomer Staat innerhalb des türkischen Reiches werden, fanden sie damit starken Widerhall bei den Muslimen.

Wien betrachtete diese Verbindung mit wachsender Sorge. Weil Österreich-Ungarn fürchtete, die Macht in Bosnien-Hercegovina könnte ihm entgleiten, annektierte es die Region im Herbst 1908. Damit zog es draußen die Wut Serbiens, der Türken, Rußlands und den Unmut Italiens, Frankreichs und Englands auf sich. In Bosnien aber erreichte der panslawistisch unterfütterte Nationalismus der Serben jetzt seinen Höhepunkt. Zugleich vertiefte sich das Einvernehmen zwischen den Serben und den Muslimen.

Zwei Jahre später indessen gelang es den bosnischen Kroaten, der kleinsten Volksgruppe, die erst in der Annexionskrise vom Herbst 1908 national ganz erwacht war, die Muslime politisch auf ihre Seite zu ziehen. Als die Muslime dann in den Balkankriegen von 1912/1913 eine Vorstellung vom serbischen Land- und Machthunger bekamen, rückten sie noch näher an die Kroaten und an Österreich-Ungarn.

Im königlichen Jugoslawien der Zwischenkriegszeit dienten die bosnischen Muslime den Belgrader serbischen Herren, in deren Augen sie immer abgefallene, »vertürkte« Serben waren, als politische Manövriermasse. Gedankt wurde es ihnen nicht. Im Zweiten Weltkrieg überzogen die serbischen Tschetniks, die später massenweise zu den Tito-Partisanen überliefen, die »Türken«, wie sie die Muslime jetzt nannten, mit Massakern. Die Muslime rächten sich auf gleiche Weise und ordneten sich im großen und ganzen willig in den von Deutschland und Italien patronierten kroatischen Ustascha-Staat ein, der sich Bosnien und die Hercegovina genommen hatte.

Das hatten sie nach dem Krieg zu büßen. Die bosnischen Muslime galten nun, ähnlich wie die Albaner auf dem Amselfeld, als Besiegte. Zehntausende wurden zur Auswanderung in die Türkei getrieben. Als eigene Gruppe hat der Tito-Staat sie erst 1961, als nationale Gemeinschaft nochmals ein Jahrzehnt später anerkannt. Aber noch bei der Volkszählung von 1981 übte die jugoserbische Obrigkeit Druck auf sie aus, auf daß sie sich nicht als Muslime, sondern als »Jugoslawen« deklarierten; was mehrere hunderttausend auch taten. Immerfort griffen serbische Partei-Potentaten in die bosnische Politik ein. Mehrere muslimische Politiker in Sarajevo wurden Opfer jugoserbischer Kampagnen. Die Geheimpolizei Serbiens führte sich in der Republik Bosnien-Hercegovina auf, als sei auch das ihr Revier.

Als die Serben im März dieses Jahres über Bosnien-Hercegovina, nach dessen Unabhängigkeitserklärung, mit ihren Streitkräften herfielen, wirkten die Muslime – die in ihrem Land mit etwa 45 Prozent die stärkste Volksgruppe sind, vor den Serben und den Kroaten – zunächst wie gelähmt. Sie hatten sich auf den Krieg nicht vorbereitet und schienen ihn anfangs auch nicht führen zu wollen. Hätten sich damals nicht die Kroaten aus Bosnien den Serben entgegengestellt, wäre das Land heute ganz in serbischer Hand.

Kam da ein altes Erbe der bosnischen Muslime zum Vorschein? Ihre Vorfahren waren im ausgehenden zwölften Jahrhundert vom Katholizismus zum Bogumilentum übergetreten, einer christlich-persischen Mischreligion. Die Bogumilen verwarfen Krieg und Kriegshandwerk; jegliches Töten galt ihnen als schwere Sünde. Doch von diesem religiös begründeten Pazifismus kann eigentlich nach 400 Jahre langer Zugehörigkeit zum Islam und zum türkischen Reich nicht viel übriggeblieben sein.

19. August 1992

Kann Bonn nicht mehr tun?

Deutschland hat sich von dem Krieg, der in Europa tobt, nicht gleichgültig abgewandt. Doch in den letzten Monaten kommt manchmal der Eindruck reglosen Verharrens auf. Welch ein Unterschied zum deutschen Engagement für Kroatien und Slowenien im vorigen Herbst.

Erinnern wir uns: Am Anfang war die Bundesregierung nicht weniger desorientiert als die anderen westlichen Regierungen. Sie lief dem Irrtum nach, Jugoslawien müsse aufrechterhalten werden, die aus dem Belgrader Staat fortstrebenden Völker hätten sich dort einzurichten, und keinesfalls werde die Europäische Gemeinschaft »abgefallenen« Teilrepubliken offenstehen. Davon löste sich die Bundesregierung im Spätsommer. Sie drängte nun die Regierungen der anderen EG-Länder zu gemeinsamer völkerrechtlicher Anerkennung Kroatiens und Sloweniens. Vor einem »Alleingang« freilich scheute sie zurück, darin bestärkt von den beiden Koalitionsfraktionen und von der sozialdemokratischen Opposition.

Kohl und Genscher haben dann den Kampf um die kollektive Anerkennung beherzt geführt und dafür viel Unbill hingenommen. Manche westeuropäischen Politiker benutzten den Streit, um es »den Deutschen« zu zeigen. Kanzler und Außenminister haben damals Klugheit und Charakter bewiesen.

Als dann im Januar dieses Jahres das Ziel erreicht und Kroatien ebenso wie Slowenien von den EG-Staaten und von etlichen anderen anerkannt war, folgte in Bonn dem Aufatmen offensichtlich der Entschluß, sich politisch ein wenig zu entlasten, das politische Engagement für die Staaten, die sich von der Belgrader serbokommunistischen Herrschaft gelöst hatten oder noch lösen wollten, ein Stück zurückzunehmen. Als es um die Anerkennung des Staates Bosnien-Hercegovina ging, drängte Bonn weniger als zuvor bei Kroatien und Slowenien. Mazedonien ist wegen griechischen Widerspruchs bis heute nicht anerkannt.

Das hat Folgen für die Sanktionspolitik der Vereinten Nationen gegenüber Serbien. Solange Mazedonien völkerrechtliches Niemandsland ist – nicht mehr ein Teil Jugoslawiens, das aufgehört hat zu bestehen; nicht Mitglied der Staatengemeinschaft, weil es an der Anerkennung fehlt –, genießt es keinerlei Schutz, wird es nicht einmal gehört. Mazedonien in seinem heutigen Rechtszustand ist deshalb leicht erpreßbar. Das nutzt der Belgrader Staat aus. Er hat Mazedonien mit Drohungen gezwungen, Öltransporte von Griechenland nach Serbien passieren zu lassen. Entschiedener als andere Staaten hat Deutschland ein konsequentes Durchsetzen des Embargos gegen Serbien verlangt.

Am dringlichsten wäre die Anerkennung Mazedoniens. Bonn hat sich dafür eingesetzt; doch war es zugleich bemüht, möglichst nicht die Harmonie im Bündnis zu stören, das auf die kurzsichtige Politik Griechenlands unangemessene Rücksicht nimmt. Hier wäre mehr Bereitschaft zur Auseinandersetzung am Platz gewesen. So steht nun der ganze Bonner Einsatz für ein energisches Verwirklichen der Sanktionen unter einem Zeichen der Vergeblichkeit.

Ohnehin war von vornherein die Aussicht schmal, Serbien allein mit einem Embargo zum Rückzug zu zwingen. Der serbische Staat ist von Einfuhren weniger abhängig als westliche Länder. Eine Handelssperre müßte lange dauern, um wirksam zu sein. Sollte sich die Staatengemeinschaft jetzt zu einer schärferen Sanktionspraxis verstehen, würde das Bosnien-Hercegovina möglicherweise nicht mehr helfen.

Nun will die Bundesregierung sich darum bemühen, daß Serbien endlich den Sitz in den Vereinten Nationen verliert, den es spätestens seit Ende vergangenen Jahres ohne Recht besetzt hält. Dazu hätte Bonn sich schon früher entschließen sollen. Vor allem hätte es sich dagegen zur Wehr setzen müssen, daß immer neue »Jugoslawien«- oder »Friedens-Konferenzen« mit serbischer Beteiligung abgehalten werden, deren voraussehbar einziges Ergebnis darin besteht, daß Serbien wiederum Zeit gewinnt, seinen Eroberungskrieg und Völkermord weiterzutreiben. So ist es auch mit der jetzt in London beginnenden Konferenz, von der die Regierung in Sarajevo für ihr Land nur Schaden erwartet.

Von Beginn an war klar, und die Erfahrung des vergangenen Jahres bestätigt es, daß gegen die serbische Aggression nur mit Waffengewalt etwas auszurichten ist. Inständig hat im vorigen Jahr Kroatien, verzweifelt in diesem Jahr Bosnien-Hercegovina um Waffen gebeten. Aber die Ohren der westlichen Welt blieben taub. Dazu tragen auch deutsche Politiker bei mit unüberlegten, unverantwortlichen Redensarten wie der, man dürfe nicht einem Kriegführenden Waffen liefern – als ob es keinen Unterschied gäbe zwischen Angreifer und Opfer.

Deutschland hatte um so mehr Grund, hier für die Abkehr von einer Politik der unterlassenen Hilfeleistung einzutreten, als es sich an einer den äußeren Frieden wiederherstellenden militärischen Aktion gegen die serbische Kriegsmacht auf keinen Fall beteiligen will. Für das Nein führt Bonn zwei Gründe an. Der erste, das Grundgesetz verbiete es, nimmt sich nur deshalb beachtlich aus, weil sich in Bonn Regierung und Opposition darauf festgelegt haben.

Respektabler, wenn auch nicht unanfechtbar, ist der zweite Beweggrund: Weil deutsche Streitkräfte vor einem halben Jahrhundert Jugoslawien mit Krieg überzogen hätten, komme heute deutsche militärische Präsenz auf dem Territorium dieses nun untergegangenen Staates nicht in Betracht. Doch wie wollen deutsche Politiker es rechtfertigen, daß sie auch noch die anderen westlichen Staaten in dem Willen zum Beiseitestehen bestärken?

26. August 1992

99

Politisches Kabarett und Völkermord

Am Schluß der Londoner sogenannten Jugoslawien-Konferenz haben die westlichen Mächte, die UN und die EG ihren kabarettistischen Darbietungen zu einem mörderischen Angriffskrieg eine neue hinzugefügt. Sie waren darauf bedacht, daß auch die Serben eine Deklaration unterschrieben, die überquillt von Bekenntnissen zu allem, was einem Verfechter von Humanität, Frieden und Recht teuer sein muß. Die Serben stimmten sogar in den Konferenz-Chor ein, der gewaltsame Vertreibungen verurteilt und alle Versuche, die ethnische Zusammensetzung von Bevölkerungen zu verändern. Zur selben Zeit fuhren die Belgrader Streitkräfte in Bosnien fort, das Land von muslimischen Bewohnern zu säubern. Verlieren die westlichen Regierungen nach dem Bewußtsein ihrer Verantwortung für das gepeinigte muslimische Volk nun auch noch den Sinn für ihre eigene Würde?

Aber in London sind nicht nur hohe Werte beschworen sondern, immerhin, auch Schritte beschlossen worden. Am meisten fällt in die Augen die Absprache, die serbischen Streitkräfte sollten ihre Artillerie um die Städte Sarajevo, Goražde, Bihać und Jajce zusammenziehen. Alle vier Plätze haben sie schon bisher in ihren Besitz zu bringen versucht; es wird ihnen nicht widerstreben, die Artillerie-Konzentration dort noch zu erhöhen. Schwere Waffen aber, die sie fremden Augen entziehen wollen, können sie in andere Gegenden bringen. Dazu hat ihnen die Londoner Konferenz eine Woche Zeit gegeben.

Die größte Londoner Groteske ist der einmütige Beschluß, den aus ihrer bosnischen Heimat Vertriebenen solle die Rückkehr ermöglicht werden. Die serbische Armee hat mehr als zwei Drittel des Staates Bosnien-Hercegovina erobert, um daraus serbisches Land zu machen. Allein diesem Zweck dient die Besetzung. An Gebieten, in welche die muslimischen Bewohner zurückkehrten, hätte die serbische Führung kein Interesse mehr. Also müßte ihre Armee solche Regionen, nach den Londoner Vereinbarungen, jetzt schon verlassen. Doch daran denken die Serben nicht. Angeblich wollen sie in Bosnien ein Fünftel ihres Landgewinns zurückgeben. Das könnte durchaus sein. Vier Fünftel würden sie dann behalten. Ihre Chancen sind nicht schlecht.

29. August 1992

Verhandeln und schießen

Serbien bleibt bei seiner Strategie: verhandeln und schießen.
Mit ihrer Artillerie gewinnen die Serben Territorien; von dort
vertreiben serbische Soldaten die nichtserbischen Bewohner.
Das möchten die serbischen Führer an möglichst vielen Ver-
handlungstischen abschirmen: Gespräche mit dem jeweils
überfallenen Land, mit westlichen Staaten, mit den internationalen Organisationen sollen vom Krieg und vom Völkermord
ablenken, Zeit gewinnen helfen. So ist es jetzt wieder. Die
Serben erklären sich bereit, über einen Abzug ihrer Streitkräfte
aus Sarajevo zu verhandeln. Zugleich vertreiben sie aus der
bosnischen Hauptstadt so viele Muslime, wie sie können.
Während sie mit Kroatien Gespräche führen, schießen sie auf
Kroaten, die in ihre von Serbien besetzte Heimat zurückkehren
wollen. Die kroatische Halbinsel Prevlaka werden die Serben
vielleicht räumen, weil sie dieses Landstück militärisch nur
schwer halten können. Der amerikanische Senat beobachtet
das alles mit steigendem Unwillen. Jetzt endlich möchte er
Bosnien Waffenhilfe zugestehen. Aber da stößt er auf das
absurde, auch auf den Willen Amerikas zurückgehende Waffenembargo, das nur die Überfallenen trifft: Der Angreifer
Serbien hat Waffen im Überfluß.

2. Oktober 1992

Was kann Serbien erreichen?

Viele Monate hat Serbien seinen Eroberungskrieg geführt und davon wenig Lasten zu spüren bekommen. Nun werden die Zeiten härter. Die Vereinten Nationen haben Serbien in New York aus dem Saal gewiesen. Westliche Regierungen reden jetzt über den Belgrader Staat weniger verharmlosend. Der amerikanische Senat möchte dem überfallenen Bosnien-Hercegovina Waffen zukommen lassen. Damit schlägt er eine Bresche in die absurde Politik der westlichen Staaten, die den Opfern der serbischen Aggression nicht nur aktiven militärischen Beistand verweigerten, sondern sie auch noch in der militärischen Unterlegenheit festzuhalten, sie wehrlos zu halten suchten.

Das halbherzige Wirtschaftsembargo gegen Serbien (und sein Anhängsel Montenegro) macht der Bevölkerung dort das tägliche Leben schwieriger. Vor allem in den größeren Städten breitet sich Überdruß über den Krieg aus, der den erstrebten Land- und Machtgewinn für Serbien nur zum Teil gebracht hat, auf der anderen Seite aber materielle Entbehrungen. Das nationale Hochgefühl, mit dem die serbische Nation in den Krieg gegangen war und das sich nach dem Fall der kroatischen Stadt Vukovar zum Taumel steigerte, ist erloschen.

Dennoch können Milošević und seine Gefolgsleute beim Abwägen zu dem Schluß kommen, bisher habe sich der Krieg gelohnt. Dazu rät ihnen vor allem der Blick auf die veränderte militärisch-politische Landkarte. Serbien hat ein Drittel Kroatiens in seine Hand gebracht. In größeren Teilen dieser Territorien stehen zwar Soldaten der Vereinten Nationen mit blauen

Helmen. Doch sie tun nichts, was den Serben ihren Landgewinn verleiden müßte. Die UN-Truppen verweigern sich ihrem Auftrag, der kroatischen Verwaltung und der vertriebenen kroatischen Bevölkerung die Rückkehr möglich zu machen. Im Gegenteil: sie schauen gleichgültig zu, wie die serbischen Eroberer die letzten Kroaten mit Terror vertreiben.

An weiterer Landnahme in Kroatien freilich sieht sich Serbien jetzt gehindert – aber nicht von den UN, sondern von der kroatischen Armee, die heute besser gerüstet ist als vor einem Jahr. Ob sie sogar imstande wäre, die Serben aus den okkupierten Gebieten zu verjagen, wie die Regierung in Zagreb suggeriert, ist fraglich. Wahrscheinlich will Präsident Tudjman seinem von den erlittenen militärischen Schlägen niedergedrückten Volk das Selbstvertrauen wiedergeben. Dafür sollte ihn der Westen nicht schelten.

In Bosnien hingegen können die serbischen Streitkräfte, die schon den größeren Teil des Staates erobert haben, immer noch Land dazugewinnen. Vielleicht lassen sie ab von dem Versuch, ganz Sarajevo einzunehmen; doch unterdessen werden sie Landnahme und Vertreibung im übrigen Bosnien weiterführen. Und so wie in Kroatien braucht die Belgrader Führung auch in Bosnien einstweilen um den Ertrag ihrer Aggression nicht zu bangen. Von keiner der Palaver-Konferenzen der UN und der EG hat Serbien in naher Zeit zu befürchten, es werde einen Zwang zum Rückzug aus den eroberten Gebieten geben.

Wer Eroberungssucht als einziges serbisches Kriegsmotiv ansähe, der täuschte sich. Serbien will in Kroatien wie in Bosnien-Hercegovina nicht nur Land gewinnen. Es will dazu die Gebiete, die es nicht erobern kann, nachhaltig zerstören. Darin findet ein tiefsitzender, von serbischen Intellektuellen lange genährter Haß auf die außerhalb der serbischen Orthodoxie stehenden Kroaten und die Muslime Erfüllung. So erklärt es sich, daß die serbischen Streitkräfte besonders darauf aus sind, Moscheen und katholische Kirchen zu zerschießen, daß sie mit katholischen Priestern und muslimischen Geistlichen besonders brutal verfahren. Gegenüber den Kroaten kommt zerstörerischer Kulturneid hinzu. Das auffälligste Opfer ist die Stadt Dubrovnik geworden, das architektonische Juwel an der östlichen Adria. Serbien besitzt nichts Vergleichbares, deshalb soll auch Kroatien so etwas nicht haben.

Auf der Belgrader Erfolgsliste steht noch anderes. Kroatien ist ökonomisch schwer geschädigt, Bosnien-Hercegovina ruiniert. Die nichtserbischen Volksgruppen in Serbien sehen, was ihnen bevorstehen könnte, sie sind eingeschüchtert. Bei einigen hat die Massenflucht schon begonnen. Serbien hat vieles von dem erreicht, worauf es ihm ankam.

Aber die Zeit bleibt nicht stehen. Manches von dem Kriegsertrag wird sich nicht halten lassen. Kroatien arbeitet darauf hin, die verlorenen Gebiete wiederzubekommen. Wieweit das gelingt, ist ungewiß. Doch wird die Staatengemeinschaft jedenfalls die serbischen Annexionen in Slawonien und der Baranja nicht auf Dauer hinnehmen. Sie wird es auch nicht dabei belassen, daß Serbien den größten Teil Bosniens besetzt hält. Die serbische Ent- und Besiedelungspolitik wird eines Tages am Unwillen einer wacher und verantwortungsbewußter gewordenen zivilisierten Welt scheitern. Im serbischen Kosovo mit seiner albanischen Bevölkerungsmehrheit würde die Staatenwelt den Übergang von der Unterdrückung zum Völkermord nicht dulden. Kroatien fand mit seinen Leiden wenig Interesse, Bosnien schon mehr. Ein serbischer Vertreibungsfeldzug im Kosovo aber brächte die Welt auf.

Die serbische Ökonomie hat ihren vollständigen Zusammenbruch noch vor sich. Immer mehr Staaten betrachten Serbien als Feind. In der Welt wird der Ruf nach Kriegsverbrecherprozessen gegen die maßgeblichen serbischen Politiker und Militärs lauter. Seine Politik der Unmenschlichkeit und Gewalt zieht Serbien in die Katastrophe.

6. Oktober 1992

Wie im Irrenhaus

Die UN hatten beschlossen, die serbische Artillerie in Bosnien unter Kontrolle zu nehmen; aber Zwang wollten sie dabei nicht anwenden. Herausgekommen ist dabei, daß in einigen serbischen Artillerie-Stellungen UN-Soldaten neben den Geschützen stehen und die Schüsse zählen. In der Adria notieren Schiffsbesatzungen, wer das gegen Serbien verhängte Embargo auf dem Meer bricht. Wahrscheinlich wird der Sicherheitsrat in der nächsten Woche den Serben militärische Flüge über Bosnien verbieten, aber durchsetzen will er das Verbot nicht. UN-Soldaten auf den serbischen Militärflughäfen sollen nur beobachten, ob die Serben sich daran halten. Eine vom Sicherheitsrat einzusetzende Kommission soll Kriegsverbrechen in Bosnien untersuchen. Doch wer mutmaßliche Kriegsverbrecher aburteilen soll, darüber sagt der Sicherheitsrat nichts. Serbien spottet mit gutem Grund über solche Kuriositäten und fährt fort mit seinem Eroberungskrieg. Die UN-Politik gegenüber Serbien wirkt wie ein Stück aus dem Irrenhaus. Aber irrsinnig sind die Staatsmänner nicht. Am ehesten läßt sich die Politik so erklären, daß Regierungen, auf die es ankommt, Serbien den Rücken freihalten.

9. Oktober 1992

Die Marionetten des Herrn Milošević

»Wir Amerikaner«

Mitte Juli gelang Serbien ein Trick. Der Präsident und Kriegsherr Milošević erweckte in der westlichen Welt nur noch
Abneigung. Da lag es für ihn nahe, die Schaubühne jemanden
zu überlassen, der unbelastet aussah. Milan Panić, amerikanischer Geschäftsmann serbischer Herkunft, bot sich dafür an.
Er spricht mühsam Serbisch und mühelos Amerikanisch. Immer wieder sagt er »Wir Amerikaner«. So wurde er denn zum
Ministerpräsidenten des neuen serbischen Scheinstaates
»Bundesrepublik Jugoslawien« bestellt. Und er erzählte Wun-
derdinge: Die schweren Waffen werde er aus Bosnien abziehen
und zu einem Teil unter UN-Kontrolle stellen, zum anderen
Teil verkaufen. Die »ethnischen Säuberungen« in Bosnien
lehne er ebenso ab wie gewaltsame Grenzveränderungen, sagt
er jetzt. Er garantiere, daß die »Bürgerkriegsparteien« in Bosnien nicht mehr aus »Jugoslawien« unterstützt würden. So
redet Milan Panić. Unterdessen führt Serbien seinen Aggressionskrieg in Bosnien weiter. Bald wird das ganze Land in
serbischer Hand und von »minderen« Bevölkerungsgruppen
gereinigt sein. Die westliche Welt aber ist erleichtert, weil sie
eine neue Gelegenheit hat, auf einen serbischen Schwindel
hereinzufallen.

19. August 1992

Statisten

Der serbische nationalistische Schriftsteller Ćosić, Präsident der neuen, aus Serbien und Montenegro bestehenden »Föderativen Republik Jugoslawien«, gibt sich offenherzig: Auf die bosnischen Serben habe er keinen Einfluß. Das wird stimmen. Interessanter wäre, wieviel Einfluß Ćosić und sein »Ministerpräsident« Panić in Serbien haben. Sie besuchen Staatsmänner, erklären dies und versprechen jenes. Was steht an Macht dahinter? Sie ist in Serbien allein in der Hand des serbischen Präsidenten Milošević. Ćosić und Panić haben in Belgrad ein paar Kanzleien, die ihnen Milošević jederzeit nehmen kann. Darin gibt es ein paar Telefone, deren Leitungen Milošević jederzeit durchtrennen kann, und etwas Büropersonal, das Milošević jederzeit wegnehmen kann. Am Anfang kamen dem Kriegsherrn Milošević der drollige Panić aus Amerika und der Intellektuelle Ćosić gelegen, weil sie draußen in der Welt seinen Krieg mit vernünftig klingenden Redensarten abschirmten. Vielleicht werden sie ihm nun lästig, weil sie sich nicht mit den Statistenrollen begnügen wollen, die Milošević ihnen zugedacht hat.

20. Oktober 1992

Wofür wollen sich die Serben rächen?

Der alte Haß auf die Türken wirkt atavistisch

In den Massengrausamkeiten, die Serben im Staat Bosnien-Hercegovina an Muslimen begehen, kommt ein Haß zum Vorschein, der tiefe Wurzeln in der Geschichte vermuten läßt. Wollen sich die Serben für ein halbes Jahrtausend türkischer Herrschaft heute an den bosnischen Muslimen rächen, die einst die zuverlässigsten Gehilfen der Türken in Europa waren?

Tief sitzt im serbischen Volk die Abneigung gegen die Türken. Der Sieg der Türken über die Serben in der Schlacht auf dem Amselfeld im Jahr 1389, mit dem das mittelalterliche serbische König- und zeitweilig Kaiserreich unterging, bedeutet für jeden Serben die historische Katastrophe seines Volkes. Tatsächlich veränderte sich nach dieser Niederlage das Leben der Nation einschneidend. Die Türken führten ihr hartes Regiment ein, erlegten dem serbischen Bauernvolk drückende Abgabenlasten auf, trieben das Verlangte mit brutaler Gewalt ein. Türkisches Militär zog oft plündernd und brandschatzend durch das Land. Eine serbische Obrigkeit gab es nicht mehr; nicht einmal eine reguläre serbische Administration, die den Druck aus Istanbul hätte mildern können.

In dieser Lage wog es für die Serben schwer, daß auch noch ihre unabhängige Kirche die Unabhängigkeit verlor. Nach der Besetzung Serbiens unterstellten die Türken die Serbische Orthodoxie dem griechischen Erzbistum von Ohrid. Der Zusammenbruch der serbischen Nation schien vollkommen zu sein.

Doch in der Mitte des 16. Jahrhunderts änderten die Osmanen ihre Kirchenpolitik in Serbien. Sie befanden nun, das slawische Volk der Serben könne ihnen als Gehilfe im weithin slawisch besiedelten Südosteuropa von Nutzen sein. Da die Serben fest ins türkische Reich eingebunden seien, werde serbischer Einfluß in eroberten Territorien sich sogleich in türkischen verwandeln. Womit aber konnte damals das serbische Volk – wirtschaftlich-zivilisatorisch in einfachen Verhältnissen, politisch am Boden – in seiner Umgebung besser Einfluß gewinnen als mit einer eigenen, nationalen Kirche, die über alle Insignien verfügen würde, welche zu jenen Zeiten in der Welt der orthodoxen Christenheit Ansehen und Glanz verliehen?

Der aus der Hercegovina gebürtige Großwesir Mehmed Pascha Sokolović riet dem Sultan, er solle zum politischen Nutzen des Osmanischen Reiches das serbische Patriarchat von Peć (türkisch: Ipek), auf dem südserbischen Amselfeld, wiedererrichten. 1557 tat der Sultan, wie ihm geraten. Erster Patriarch in der türkischen Ära wurde ein Bruder jenes Großwesirs, der Erzbischof Makarios.

Der Gewinn für das türkische Reich wurde bald offenbar. Die Patriarchen in Peć – von der türkischen Obrigkeit schon deshalb abhängig, weil ihre Wahl jeweils nur mit Zustimmung des Sultans wirksam wurde – sahen darauf, daß das serbische Volk der osmanischen Obrigkeit gehorsam sei. Die Serbische Orthodoxe Kirche wurde sogar an der Staatsverwaltung beteiligt. Neben der kirchlichen übte sie die zivile Gerichtsbarkeit über die serbischen orthodoxen Untertanen des Sultans aus. Sie half beim Rekrutieren von Serben für das osmanische Heer und zog bei den Serben Steuern für Istanbul ein.

Die damit erkauften Vorteile waren nicht gering. Das serbische Volk hatte wieder eine eigene geistliche Führung und in einem gewissen Sinn auch eine politische Repräsentation, mochte der Bewegungsraum beider auch eng sein. Die serbischen Orthodoxen standen bei der türkischen Obrigkeit in höherer Gunst als die Katholiken, oder besser: in geringerer Ungunst. Die Türken nahmen nicht mit System Einfluß auf die Religionszugehörigkeit ihrer südslawischen Untertanen. Doch es kam oft vor, daß sie solche Katholiken, die für den Islam nicht zu gewinnen waren, zum Übertritt in die Orthodoxie drängten, aus politischen Erwägungen.

Da die Serbische Orthodoxie eine Art kleiner Staatskirche im türkischen Reich war, wenn auch eine immerzu bedrängte, wuchs das Territorium, auf dem sie wirken konnte, mit der Ausdehnung dieses Reiches nach Norden und Westen. Als die osmanische Herrschaft in Südosteuropa auf dem Höhepunkt war, reichte das Einflußgebiet der Serbischen Orthodoxie von Westbulgarien bis zur Adria, von Ungarn bis Mazedonien.

Indessen, der serbischen Nation brachte die begrenzte Gunst, welche die Osmanen der serbischen Kirche aus politischem Kalkül erwiesen, wenig Erleichterung in ihrem täglichen Leben. Die Türken preßten weiter aus ihr Abgaben heraus. Junge Serben wurden rekrutiert. Das Plündern und Niederbrennen – auch der orthodoxen Klöster, die den Serben in der Zeit der Fremdherrschaft Halt gaben – ließ kaum nach. 1594 ließ der Großwesir Sinan Pascha die Gebeine des heiligen Sava, des serbischen Kirchengründers und Nationalheiligen, auf dem Belgrader Hügel Vračar verbrennen und in alle Winde verstreuen. Die Serben lebten bedrückt.

Einige ihrer kirchlichen Führer dachten darum an einen gemeinsamen Kampf der Christenheit gegen die Türken. Der bekannteste von ihnen ist der Patriarch Gavrilo Rajačić. Um die Mitte des 17. Jahrhunderts strebte er nach einer Kirchenunion Peć-Rom. Doch die meisten seiner Bischöfe, auch der niedere Klerus und das Volk, fanden aus ihrer byzantinischen Aversion gegen die »Lateiner« nicht heraus. Sie hatten auch – berechtigte – Zweifel, ob die katholische Welt Serbien gegen die türkischen Herren zur Hilfe kommen würde. Unterordnung unter die Türken kam ihnen deshalb als das kleinere

Übel vor. So scheiterte Patriarch Gavrilo. Er wurde von seiner Kirche verstoßen und an die Türken verraten, die ihn töteten.

Aber dem Volk und den Popen war auch die Ergebenheit ihrer kirchlichen Oberen gegenüber den Türken nicht recht. Die Serben erhoben sich, Aufstände folgten aufeinander. Gegen Ende des 17. Jahrhunderts brach Patriarch Arsenije III. Crnojević mit Istanbul. Die Serben im Süden ihres Landes traten auf die Seite der Österreicher, die nach der gewonnenen Schlacht vor Wien im Jahr 1683 die Türken aus Mitteleuropa hinausdrängten und weit in den Balkan zurückwarfen. Als dann das Kriegsglück sich wendete und die Österreicher sich wieder ein Stück zurückziehen mußten, zog Arsenije an der Spitze von 70 000 seiner Gläubigen aus Südserbien ins damals habsburgische Südungarn, in die Batschka vor allem, und nach Syrmien. So entstand die Metropolie Karlowitz (Sremski Karlovci) in Syrmien, nicht weit von Neusatz (Novi Sad) im heutigen Serbien. Das Patriarchat von Peć aber hoben die Türken gegen Ende des 18. Jahrhunderts wieder auf; es schien ihnen zu nichts mehr nütze.

Die Serben haben dann im 19. Jahrhundert mit mehreren Befreiungskriegen die erlahmende türkische Herrschaft abgeschüttelt. Auf dem Berliner Kongreß, 1878, erlangte Serbien die Souveränität. Eine große, ausgedehnte türkische Ansiedlung in Serbien hatte es in den fünf Jahrhunderten der osmanischen Herrschaft nicht gegeben. Die Türken hielten sich meist in ihren Festungen, die zugleich Verwaltungszentren waren. Als diese Besatzungen in der zweiten Hälfte des vorigen Jahrhunderts abgezogen waren, gab es in Serbien so gut wie keine Türken mehr. Seit über einem Jahrhundert haben die Serben keine Berührung mehr mit den Türken. Da hätte sich Gelassenheit einstellen können.

Das gilt für die Serben in Serbien. In Bosnien-Hercegovina, das bis 1878 türkisch und dann bis 1918 österreichisch-ungarisch war, standen den orthodoxen Serben die bosnischen Muslime gegenüber, zum Islam übergetretene einst christliche, dann bogumilische Slawen, die unter der türkischen Herrschaft in Bosnien die regionale Oberschicht und Obrigkeit waren. Die Orthodoxen betrachteten diese Muslime oft als Türken.

Aber auch in Bosnien hatte unter der türkischen Herrschaft die Serbische Orthodoxie im Vergleich zur unterdrückten katholischen Kirche, deren Hierarchie und Seelsorge strikt auf den Franziskanerorden eingeschränkt war, viele Privilegien. Zeitweise half sie den Türken sogar, die Katholiken niederzuhalten und zu überwachen. Unter türkischem Druck traten viele Katholiken zur Orthodoxie über. Unter Österreich-Ungarn standen die Muslime die meiste Zeit den Serben politisch näher als den Kroaten. Im jugoslawischen Königreich, zwischen den Weltkriegen, bestimmten in Bosnien-Hercegovina die Serben. Im Zweiten Weltkrieg blieben dort Serben und Muslime einander an Grausamkeit nichts schuldig.

So haben die Serben heute nicht einmal einen Vorwand dafür, daß sie in Bosnien-Hercegovina gegen die Muslime Völkermord betreiben. Der Haß der Serben auf alles, was ihnen türkisch vorkommt, ist atavistisch wie ihr Haß auf die Kroaten.

20. Oktober 1992

113

Verhandeln aus blanker Not

Bald werden die serbischen Streitkräfte in Bosnien alles erreicht haben: Der größte Teil des Landes ist in ihrer Hand und ethnisch gesäubert; an der breiten Landverbindung von Serbien über Bosnien zu den eroberten kroatischen Territorien im Hinterland von Dalmatien fehlen nur noch kleine Stücke; der Staat Bosnien-Hercegovina ist so gut wie besiegt, Kroatien verkleinert.

Wer militärisch unterlag, sucht sein Heil im Verhandeln. So reden nun die Präsidenten Kroatiens und Bosniens mit den Jugo-Serben Ćosić und Panić. Doch über diese beiden kann weder der Kroate Tudjman noch der bosnische Muslim Izetbegović Illusionen haben. Ćosić und Panić wollen Serbien vom Ertrag seines Aggressionskrieges möglichst viel erhalten. Sie möchten die Welt vergessen machen, daß Serbien der Aggressor ist. Deshalb suchen sie Kriegsverbrecherprozesse gegen serbische Führer abzuwenden. Blanke Not treibt die Präsidenten Tudjman und Izetbegović, mit solchen Leuten zu sprechen und gemeinsam Erklärungen zu unterschreiben. Vielleicht gibt es auch eine kleine Hoffnung auf die sich langsam verbreiternden Risse im serbischen Lager. Je mehr Ćosić und Panić mit dem Belgrader Herrscher Milošević über Kreuz sind, desto glimpflicher könnte Kroatien davonkommen, desto größer sind die Aussichten, daß von Bosnien-Hercegovina wenigstens eine Hülse übrigbleibt, die sich als Staat ausgeben läßt. Doch viele Kroaten und noch mehr bosnische Muslime wollen sich mit einem solchen Schicksal nicht abfinden; sie begehren gegen ihre Staatsführung auf. Zugleich wächst bei jedem der beiden Schicksalsgefährten das Mißtrauen gegen den anderen. Kroatien und Bosnien gehen in ihrem Elend jeder seinen Weg. Ihr Bündnis, von Beginn an ohne Fundament, verfällt. Nicht zum ersten Mal schießen ihre Truppen aufeinander.

Kluge Politiker im Westen rufen aus ihren Kanzleien den Kroaten und den bosnischen Muslimen zu: Seid einig; kämpft, bis ihr umfallt; dann werden wir euch auf die Schulter klopfen. Mehr haben die Kroaten und die bosnischen Muslime vom Westen nicht zu erwarten. Soeben hat der Sicherheitsrat der UN es wiederum abgelehnt, Waffenlieferungen wenigstens an Bosnien zu gestatten – das könne nur die Spannungen verschärfen. Tatsächlich, am geringsten werden die Spannungen sein, wenn der Aggressor nicht mehr auf Widerstand trifft.

21. Oktober 1992

115

»Nun tragen wir das Kreuz
dieses furchtbaren Krieges in Bosnien«

Gespräch mit dem Franziskaner-Provinzial
Pater Petar Andjelović

»Unsere Ordensprovinz trägt den Namen ›Provinz des Heiligen Kreuzes‹. Jahrhundertelang mußten wir das Kreuz tragen – unter den Türken, unter den Kommunisten, und nun tragen wir das Kreuz dieses furchtbaren Krieges.«

Pater Petar Andjelović, der Provinzial (das Oberhaupt) des Franziskanerordens in Bosnien, berichtet mit schwerem Herzen von den Leiden seiner Mitbrüder und der ihnen anvertrauten Gläubigen. 83 Franziskaner sind von den serbischen Streitkräften aus ihren Klöstern und Pfarreien vertrieben, einer ist getötet worden; einen hielten die Serben fünf Monate lang in einem Lager, zwei waren im Gefängnis. Zahllose Katholiken, denen die bosnischen Franziskaner Seelsorger waren, sind umgekommen. Pater Andjelović fürchtet, es könnten Zehntausende sein. Viele zur Ordensprovinz gehörende Kirchen sind zerstört; wie viele, das wird man erst später einmal erfahren. Das Gebäude des Ordens-Gymnasiums, des sogenannten Kleinen Seminars, in der Stadt Visoko, nicht weit von Sarajevo, ist zerschossen; die Schule fand ein Unterkommen erst in Italien, dann in Kroatien.

Auch das Noviziat mußte nach Italien fliehen. Von dem Haus in Sarajevo, das die Theologische Hochschule der bosnischen Franziskaner beherbergte, schossen dann die serbischen Tschetniks auf Bewohner der bosnischen Hauptstadt. Die jungen Theologen sind nun Flüchtlingsgäste der kroatischen Franziskaner in Samobor bei Zagreb.

Pater Andjelović, Jahrgang 1937, bangt auch um seine Angehörigen, die in Nordbosnien leben, in der Umgebung der Stadt Brčko. Von einer seiner Schwestern, deren Mann und Kindern weiß er nicht, ob sie umgekommen sind. Von den sechs Söhnen seines Bruders kämpfen drei in der Nähe von Brčko.

Pater Andjelović, wie konnte es zu dem mörderischen serbischen Krieg kommen? – Der Priester schaut in die Zeitgeschichte zurück: Im kommunistischen Staat, unter Tito, lebten in Bosnien Muslime, orthodoxe Serben und katholische Kroaten ohne Freundschaft zusammen. Das Partei-Motto für die zwischennationalen Beziehungen hieß »Brüderlichkeit und Einigkeit«. Es sollte in Bosnien verdecken, daß die Kommunistische Partei Politik zugunsten der Serben betrieb. Vor allem die Kroaten wurden zurückgesetzt. Bosnische Kroaten, die unter Tito Parteifunktionäre waren, berichten jetzt, selbst sie seien überwacht worden. Kroaten, die etwas werden wollten, heirateten Serbinnen, um zu zeigen, daß sie ihrem Volk fernstünden. »Was heute in Bosnien geschieht«, sagt Pater Andjelović, »ist jahrzehntelang vorbereitet worden. Die Serben wollten um jeden Preis Bosnien beherrschen; sie begannen ihren Eroberungskampf schon 1945 – nur daß sie ihn, solange die Kommunisten an der Macht waren, nicht mit Waffen führen konnten; das hätte die Herrschaft der totalitären Tito-Partei gefährdet.«

Doch wie läßt es sich erklären, daß auf einmal ein Serbe gegen seinen friedlichen muslimischen Nachbarn die Waffe erhebt, daß bosnische Serben bosnische Kroaten und Muslime mißhandeln und töten? Pater Andjelović hat darüber lange nachgedacht und nur eine Erklärung gefunden: die weitreichende Gottlosigkeit der serbischen Bevölkerung. Die Serbische Orthodoxe Kirche, erläutert er, habe ihrem Volk immer Nationalismus gepredigt, kaum Religion und Moral. In vielen Dörfern mit serbischer Bevölkerung finde man nur ein paar Getaufte. Eigentlich sei die serbische Orthodoxie mehr ein Nationalverein als eine christliche Glaubensgemeinschaft.

117

Als nun die Serbenführer in Belgrad und in Sarajevo, fährt Pater Andjelović fort, ihrem Volk ohne Grund sagten, es sei bedroht, es müsse deshalb die »Feinde« niederschlagen, alle »verlorenen« Gebiete wieder in serbische Hand bringen, da folgte ihnen die große Mehrzahl des Volkes begeistert, und es hatte dabei keine aus der Religion rührende moralische Hemmschwelle zu überwinden. Der serbische Haß richtet sich in Bosnien vor allem gegen die Muslime, erst an zweiter Stelle gegen die Kroaten, welche die serbische Führung immer wieder für taktische Bündnisse gegen die Muslime zu gewinnen sucht. Pater Andjelović sagt es ohne die mindeste Genugtuung.

Aber in Bosnien-Hercegovina, befindet der Provinzial der Franziskaner, müßten alle drei Völker zusammenleben. Dazu sei Gleichberechtigung nötig; vielfältige Regional- und Volksgruppen-Autonomien müßten ineinandergreifen. Die serbische Forderung, Bosnien-Hercegovina in eine Konföderation aus drei einfarbig-national bestimmten Territorien zu verwandeln, führe direkt zur Aufteilung, zum Auseinanderfallen des Staates, den Pater Andjelović erhalten sehen möchte. Die Aufspaltung Bosnien-Hercegovinas in drei souveräne nationale Einheiten würde nichts anderes bedeuten, fürchtet er, als das Perfektionieren und Legalisieren der »ethnischen Säuberung«, wie die serbischen Führer sie jetzt mit ihren Streitkräften betrieben.

Können in Bosnien die drei Völker, können die Angehörigen der Ermordeten mit den Mördern zusammenleben? Pater Andjelović hebt etwas hilflos die Hände. Leicht werde es nicht gehen; aber das Leben sei eine Macht, könne stärker sein als die Erinnerung. Verbrecher, gewiß, seien zu bestrafen, nicht aber Soldaten der serbischen Streitkräfte, die keine Grausamkeiten begangen hätten. So mancher serbische Rekrut, der nicht habe kämpfen wollen, sei an der Front auf der Stelle erschossen worden. Es gebe auch Gerechte unter den Serben.

Pater Andjelović zweifelt nicht daran, daß die Bewohner Bosniens ihr verwüstetes Land wieder aufbauen würden, wenn erst Frieden sei. Eine Massenabwanderung aus dem Elend nach Australien, Kanada, Lateinamerika erwartet er nicht. Die Leute hingen an ihrer Heimat, sagt er, sie seien arbeitsam und ordentlich ausgebildet. Mancher bosnische Muslim und Kroate werde, wenn erst der Krieg zu Ende sei, aus dem Westen zurückkehren, wo sich im Konkurrenzkampf immer der Größere durchsetze; daheim könne er mehr erreichen. Den serbischen Eroberungs- und Vertreibungskrieg müßten die Muslime und die Kroaten, von der Welt im Stich gelassen, mit ihrer letzten Kraft durchstehen. Nach dem Ende des Schießens dann werde das Land Güte und Verzeihen brauchen.

22. Oktober 1992

Bosnien teilen?

Als im vorigen Jahr die Serben die kroatische Stadt Vukovar zerschossen und erobert hatten, geriet Serbien in Freudentaumel. Nun, nach der Eroberung der bosnischen Stadt Jajce, die vor allem von Muslimen bewohnt war, gratuliert das serbische Militärkommando in Bosnien seinen Truppen zur »Befreiung« der Stadt. Die Serben befreien Städte und Regionen von der Bevölkerung, die dort gelebt hat. Nur die Grenzen ihrer militärischen Macht, keine anderen respektieren sie. In Bosnien sind sie physisch übermächtig. Noch ist nicht mit letzter Klarheit zu erkennen, warum sie einen Teil dieses von ihnen zerstörten Staates den Kroaten überlassen wollen. Wahrscheinlich glauben sie, wenn sie Bosnien gemeinsam mit den Kroaten aufteilten, werde die Staatenwelt es hinnehmen; die werde dann gern vergessen, wie oft sie seit dem Beginn der serbischen Aggressionskriege beteuerte, niemals werde sie auf Gewalt zurückgehende Grenzänderungen anerkennen. Die Kroaten in Bosnien, im Verein mit dem Staat Kroatien, scheinen so zu denken: Besser, wir sichern uns im Einvernehmen mit den Serben einige kroatisch besiedelte Regionen, als daß wir ebenso wie die Muslime Opfer serbischen Völkermordes werden. Eine solche Rechnung wäre unvollständig. Wer kann im Ernst glauben, die Muslime, die größte Volksgruppe in Bosnien-Hercegovina, würden sich für die Dauer auf einigen ihnen gnädig zugestandenen Landfetzen zusammenpferchen lassen? Wer den Muslimen dieses Schicksal zudenkt, der wird auf immer ihr Feind sein. Können die Kroaten das wollen?

31. Oktober 1992

Der mörderische Selbstbetrug
des Westens

Ein Bild ging um die Welt. Es zeigte bosnische Flüchtlinge mit Taschen, Säcken, Kleidungsstücken in der Hand. Sie zogen von Jajce, das die Serben gerade »befreit« hatten (wie sie es nennen), nach Travnik, das die Serben mit Artillerie beschossen. Auf dem Foto sah man Entkommene, Lebende. Nicht zu sehen war, wie die serbischen Streitkräfte in die Elendszüge der Muslime und Kroaten, denen sie den Abzug gestattet hatten, mit ihrer Artillerie hineinschossen.

So ist es meistens. Die Welt sieht in Bildberichten aus Bosnien-Hercegovina vor allem jene, welche mit dem Leben davonkamen; selten die Getöteten. Werden einmal Ermordete gezeigt, stehen die Mörder nicht daneben. Das Publikum hat sich an die Bilder gewöhnt. Die Gleichgültigkeit beim Betrachten oder Wegschauen begründet es am liebsten damit, daß in Bosnien-Hercegovina, überhaupt im ehemaligen Jugoslawien alle Seiten Mord und Grausamkeiten begingen.

Aber ist denn schon vergessen oder verdrängt, daß es die serbische Armee war, die einen Eroberungskrieg erst gegen Kroatien, dann gegen Bosnien-Hercegovina begann? Daß serbische Streitkräfte in den von ihnen eroberten Regionen Kroatiens zusammen mit serbischen Zivilisten wehrlose Kroaten in großer Zahl folterten, verstümmelten, umbrachten? Das auf kroatischem Boden Begonnene haben sie in Bosnien-Hercegovina fortgesetzt und ins Unermeßliche gesteigert. Als dann Nachrichten kamen, Kroaten und Muslime hätten Grausamkeiten und Massentötungen an Serben begangen, da war es, als fühlte sich die westliche Welt von einer Last befreit. Widerwillig hatte sie die serbischen Untaten zur Kenntnis genommen; nun sah sie sich nicht länger gezwungen, die Serben zu verurteilen, da doch offenbar im bosnischen Krieg alle drei Seiten gleich inhuman seien.

Das ist einer der Kurzschlüsse aus gewollter Gedankenlosigkeit, mit denen der Westen – Politiker wie Völker – sich an der Wirklichkeit des Krieges in Europa vorbeischwindelt.

Das Volk gibt es nicht auf der Welt, das in einem ihm aufgezwungenen Krieg über lange Zeit Massen-Bestialitäten erleidet, ohne daß sich ein Wunsch regte, das Erlittene mit Gleichem zu vergelten. Dem Verlangen nach Rache ist zu widerstehen, jeder einzelne Racheakt zu verurteilen. Jede Grausamkeit eines kroatischen oder muslimischen Soldaten an einem Serben muß geahndet werden. Die kroatische und die bosnische Führung verdienen Anerkennung dafür, daß sie den hier und da aufgeflammten Vergeltungsdrang nach Kräften niedergehalten haben.

Wenige Völker hätten sich gegenüber einem grausamen Feind so beherrscht wie in den vergangenen anderthalb Jahren die Kroaten und die bosnischen Muslime. Der frühere polnische Ministerpräsident Mazowiecki, mit der Untersuchung der Massaker in Bosnien-Hercegovina betraut, hat berichtet, daß Massenmord vor allem die serbischen Streitkräfte betrieben. Für die verbreitete Paritäts-Lüge gibt es nicht einmal mehr eine Ausrede.

Vielleicht rührt diese Lüge aus schlechtem Gewissen. Denn die westliche Welt hätte Serbien in den Arm fallen können. Oft wird behauptet, die Auseinandersetzung in Bosnien-Hercegovina lasse sich nicht mit militärischen Mitteln entscheiden. Das ist doppeldeutig und in beiderlei Sinn falsch. Erstens gewinnen die Serben ihren Krieg in Bosnien vor unseren Augen. Zweitens hätte ein Einsatz hinreichend starker westlicher Luftstreitkräfte die Fähigkeit Serbiens zum Fortsetzen der Aggression so vermindert, daß sich Bosnien, mit westlichen

Waffen versehen, selber hätte wehren können. Noch im Sommer war Bosnien zu retten.

Beides, begrenzten eigenen militärischen Einsatz und Waffen, hat die Welt Bosnien-Hercegovina wie vorher Kroatien verweigert. Das kostete nicht nur Zehntausende unschuldige Kroaten und Muslime, übrigens auch so manchen schuldlosen Serben, das Leben. Es hat auch dazu geführt, daß es nun fast unmöglich erscheint, den Völker-Konflikt im ehemaligen Jugoslawien politisch zu lösen.

Das kroatische Volk wartet darauf, daß es die von Serbien besetzten Regionen zurückbekommt, daß die von dort vertriebenen Kroaten heimkehren können. Aber die kroatische Regierung, verlassen von der Welt und im Angesicht des nach wie vor militärisch übermächtigen Feindes, sucht Verhandlungen mit den Belgrader Jugo-Politikern Panić und Ćosić, die ihr als etwas weniger übel denn Milošević erscheinen. Wenn dabei nichts herauskommt, schon weil Panić und Ćosić keine Macht besitzen, wird die Regierung in Zagreb vielleicht mit dem Aggressor Milošević reden, von dem sie ein Nachgeben nicht zu erwarten hat. Milošević glaubt mit Grund, er brauche vom Westen nichts Ernsthaftes zu befürchten. Doch wird sich die kroatische Nation auf Dauer mit dem serbischen Landraub und der »ethnischen Säuberung« abfinden? Hier häuft sich Explosivstoff an.

In Bosnien-Hercegovina ist es ähnlich. Die siegestrunkenen Serben wollen den größten Teil des Staates behalten und die Muslime, die größte Volksgruppe, in drei enge Enklaven einsperren. Eines Tages werden die bosnischen Muslime eine Macht in der Welt finden, die ihnen wieder zu ihrem Lebensrecht verhilft. Auch hier droht ein Zusammenstoß.

So selbstgewiß sind, dank westlicher Untätigkeit (und anfänglicher Unterstützung), die Serben, daß sie den seit Jahren mit gebremster Energie betriebenen Völkermord an den Muslimen in der südwestserbischen Region des Sandschak von Novi Pazar jetzt offenbar rasch zu Ende bringen wollen. Wer würde

sie dann daran hindern, mit einem weiteren blutigen Gewalt-
streich die Albaner vom Amselfeld nach Albanien zu treiben?
Die Vereinten Nationen, die Europäische Gemeinschaft, der
Nordatlantikpakt, die von Belgrad bisher alles hinnahmen,
sicherlich nicht.

6. November 1992

Blockade mit Spielzeug-Schiffchen

Seit Juli fahren in der Adria westliche Kriegsschiffe umher, die nichts anderes tun sollen, als Handelsschiffe aufzuschreiben, welche mutmaßlich das gegen Serbien und Montenegro verhängte Embargo durchbrechen. Vier Monate hat die zivilisierte Welt bis zu der Erkenntnis gebraucht, daß ein solcher Auftrag Unsinn ist. Endlich hat auch der UN-Beauftragte Vance gemerkt, daß es in Belgrad statt immer weniger immer mehr Benzin gibt. Nie war die serbische Kriegsarmee in Bosnien besser mit Waffen und Munition versehen. Die Staatengemeinschaft hat Serbien Zeit verschafft, und die Belgrader Führung hat sie genutzt.

Nun raffen sich die internationalen Organisationen zu einer Abkehr von ihrer grotesken Fehlentscheidung auf. Bis dem Blockade-Beschluß die Taten auf hoher See folgen, sollen noch Tage vergehen, die Serbien nicht untätig verstreichen lassen wird. Die Überwachung der Donau, auf der Serbien so viel kriegswichtige Güter bekommt, ist den Nachbarstaaten überlassen. Nach den Erfahrungen heißt das: Der Nachschub wird dort weiter fließen. Und was hilft das Transitverbot, wenn niemand es durchsetzt? Daß Serbien eine eigene große Rüstungsindustrie hat, davor verschließen UN und Nato die Augen. Anstatt Serbien die Kriegführungsfähigkeit zu nehmen, anstatt wenigstens Bosnien Waffen zu geben, verhängt die Welt mangelhafte Transportverbote.

Nicht einmal an der nun beschlossenen Seeblockade will sich Deutschland beteiligen. Wenn die Kriegsschiffe anderer Mächte zukünftig ihren Blockadeauftrag erfüllen, wird der deutsche Zerstörer folgenlos wie bisher hin- und herfahren. Deutschland fällt der Lächerlichkeit anheim. Aber dabei wird es nicht bleiben. Mit solcher Hampelmännerei zieht sich unser Staat die Verachtung nicht nur seiner Verbündeten zu. Die Bundesregierung hätte also Grund gehabt, sich vor einer Entscheidung gründlich zu beraten. Sie braucht sich nicht wie das Kaninchen vor der Schlange zu fühlen, weil die SPD sogar gegen die Aktion »Spielzeug-Schiffchen« Verfassungsklage erhob. Doch Verteidigungsminister Rühe verbot der »Hamburg« schon am Dienstag die Teilnahme an der Blockade. Und gleichfalls am Dienstag gab Außenminister Kinkel bekannt, was die Bundesregierung am Donnerstag in der Sache beschließen werde. Ein schönes Kabinett, dem Minister die Entscheidung um zwei Tage vorwegnehmen.

19. November 1992

Massenvergewaltigung

Seit dem Beginn ihres Krieges haben serbische Streitkräfte Massenvergewaltigungen begangen – erst in den von ihnen eroberten Regionen Kroatiens, dann auch in Bosnien-Hercegovina. Oft wurden die geschändeten Frauen nachher erschossen und in eine Grube geworfen. Die Entsetzensschreie von Augenzeugen stießen auf ein dick gepolstertes Nichtwissenwollen der westlichen Welt. Seit langem gibt es Beweise dafür, daß die serbischen Truppen in Bosnien Massenvergewaltigung auch als Mittel der psychischen Vernichtung des Volkes der Muslime einsetzen. Die Methode ist bestialisch, aber sie verspricht den erstrebten Erfolg. Eine geschändete Muslimin gilt in ihrem Volk als entehrt, das Kind, das sie zur Welt bringt, als vaterlos. Wenn Zehntausende muslimische Frauen von Serben vergewaltigt und geschwängert sind, stürzt das Volk der bosnischen Muslime in einen seelischen Abgrund. Vielleicht werden sich die Muslime aus Bosnien, von der serbischen Kriegführung und Vertreibung ohnehin immer mehr in alle Welt zerstreut, nach diesem Schlag als Volk aufgeben. Dann hätten die serbischen Aggressoren ihr Ziel in Bosnien erreicht; das Land gehörte ihnen.

Auch jetzt, da ihr das Kriegsverbrechen in einer kaum noch begreiflichen Gestalt vor Augen tritt, läßt sich die westliche Welt noch nicht aus ihrer Ruhe bringen. In Deutschland haben die politischen Institutionen und Gruppierungen es dem Vorsitzenden der Katholischen Bischofskonferenz überlassen, die Stimme zu erheben. Bischof Lehmann fordert die zivilisierten Staaten auf, sie sollten etwas tun gegen die Erniedrigung der

Frauen und Mädchen in Bosnien. Aber die westlichen Staaten bleiben dabei, nichts zu tun. Alles weist darauf hin, daß ihre Regierungen entschlossen sind, Bosnien-Hercegovina seinem Schicksal, das heißt den serbischen Streitkräften, zu überlassen.

Noch vor einem halben Jahr hätten Amerika und Westeuropa der serbischen Aggression gegen Bosnien mit Schlägen aus der Luft viel leichter ein Ende machen können als heute. Aber müßte der westlichen Welt das namenlose Elend der bosnischen Muslime und vor allem der muslimischen Frauen und Mädchen nicht einen großen Einsatz wert sein? Wenn nicht hier und jetzt, wann könnte der Westen noch glaubhaft zu erkennen geben, daß er sich der Humanität verpflichtet weiß?

5. Dezember 1992

Unfähigkeit, Gleichgültigkeit oder böser Wille?

Die Politik des Westens läßt an moralische Ausfallerscheinungen denken

Militärische Gewalt gegen die serbischen Streitkräfte wäre falsch; sie könne allenfalls das allerletzte Mittel sein; wenn man den bosnischen Muslimen Waffen gebe, werde alles nur noch viel schlimmer. So reden die westlichen Staatsmänner Monat um Monat.

Seit Monaten auch überhören sie die Frage, was eigentlich in Bosnien-Hercegovina noch schlimmer werden könne, wenn der Westen sich dafür entschiede, den Muslimen Waffen zu liefern oder selber einzugreifen. Ist es besser, daß die Muslime (und in mehreren Regionen auch die Kroaten) der serbischen Armee so unterlegen sind, daß sie sich kaum wehren können, daß sie, in einigen Städten zusammengepfercht und eingeschlossen, dem Feuer der serbischen Artillerie preisgegeben sind? Ist es besser, daß niemand die »ethnische Säuberung« des größten Teils von Bosnien verhindert, den grausamen Massenmord an Muslimen? Jetzt, da die Welt endlich davon Kenntnis nimmt, daß die serbischen Streitkräfte zehntausende muslimischer Frauen und Mädchen gewaltsam schwängern, um das Volk der bosnischen Muslime seelisch zu vernichten – will da immer noch jemand in einer westlichen Staatskanzlei behaupten, bei militärischer Hilfe würde alles noch viel schlimmer?

Diese Redensarten spiegeln eine gewissenhafte Güterabwägung vor. Aber sie können nicht die Absicht bemänteln, die bosnischen Muslime, Bosnien der serbischen Militärmacht zu überlassen. Sie gehören zu den Absurditäten, aus welchen die Politik der westlichen Staaten und auch der Vereinten Nationen im ehemaligen Jugoslawien überwiegend besteht. Kein anderes Urteil verdienen die in den letzten Wochen immer häufiger gewordenen Erklärungen westlicher Staatsmänner, sollten die Serben ihren Krieg auf das Amselfeld und auf Mazedonien ausdehnen, wäre eine ernste Lage geschaffen, die neue Entscheidungen nötig machte. War es also nichts Ernstes, daß die Serben ein Drittel Kroatiens eroberten, viele Tausend Kroaten massakrierten und viele Zehntausend von Haus und Hof jagten? War es nichts Ernstes, daß die Serben Bosnien in ein Menschen-Schlachthaus verwandelten?

Die mißhandelten Albaner auf dem Amselfeld und die bedrohten Mazedonier können sich gut vorstellen, wie ernst die westlichen Regierungen und die Vereinten Nationen es nähmen, wenn das serbische Militär bei ihnen einen Vernichtungskampf anfinge, wie es ihn heute in Bosnien führt. Und tatsächlich, die »entschlossenen Schritte« der Staatengemeinschaft für diesen Fall werden schon vorbereitet: Blauhelm-Soldaten sollen dann auch nach Mazedonien und aufs Kosovo entsandt werden, auf daß sie dort ebenso hilflos dem serbischen Völkermord zuschauen müßten wie die in Bosnien stationierten.

Daß sie in diesem Jahr erst nach Kroatien, dann nach Bosnien sogenannte Friedenstruppen schickten, geben die Vereinten Nationen als ihre große Leistung aus. Damit wollten sie sich von allen Pflichten im Angesicht der serbischen Aggression freizeichnen. Doch was bedeuten die Blauhelme in der Wirklichkeit? In Bosnien-Hercegovina haben sie weder Auftrag noch Mittel, der serbischen Landnahme und Menschenvernichtung Einhalt zu gebieten. Sie sehen sich begrenzt auf – schwierige – humanitäre Tätigkeit. Es ist, als wäre eine Polizei am Werk, die nicht den Amokschützen festnehmen, sondern nur die Wunden der immer neuen von ihm Getroffenen verbinden darf. Auf einen solchen Truppeneinsatz sollten die Vereinten Nationen und die dort maßgeblichen Staaten nicht stolz sein.

In den UN-Truppen hingegen, die im serbisch besetzten Gebiet Kroatiens stationiert sind, sieht das kroatische Volk nicht einen Helfer, sondern eher einen nicht faßbaren Gegner. Denn sie verweigern sich ihrem Auftrag, die irregulären serbischen Kampfverbände zu entwaffnen und der kroatischen Verwaltung wie auch der vertriebenen kroatischen Bevölkerung die Rückkehr möglich zu machen. Die serbischen Streitkräfte sperrten sich, heißt die Begründung. Aber die UN-Truppen sperren sich nicht dagegen, daß unter ihren Augen Serben in den »ethnisch gesäuberten« kroatischen Dörfern und Städten angesiedelt werden. So helfen die UN-Truppen im Ergebnis bei der Einverleibung der eroberten kroatischen Gebiete in den serbischen Staat. Diese Absurdität, die sich eines Tages in Bosnien wiederholen könnte, geben die UN vor der Welt ungeniert als etwas Normales aus, fast als etwas für sie Rühmliches.

Mitte Dezember soll in Genf eine Bosnien-Konferenz zusammentreten. Seit Serbien seine Aggression im Frühjahr 1991 begann, folgen solche endlosen Groß-Palaver aufeinander. Vereinbarungen kamen entweder nicht zustande, oder Serbien hielt sich nicht daran. Aber jedesmal schlug es aus solchen Treffen und schon aus deren Ankündigung Zeitgewinn.

Immer mehr Kroaten und bosnische Muslime wollen nicht mehr glauben, daß dies alles auf Einfältigkeit zurückgehe. Sie sehen in solchen Fehl-Schritten vielmehr bösen Willen am Werk; ein Bestreben, die Serben bei Kriegführung und Landnahme abzuschirmen, ihnen möglichst viel Kriegserfolg zuzuschanzen. Solche Überlegungen verbreiten sich allmählich in der ganzen Welt.

Die bleierne Gleichgültigkeit, mit der die westlichen Regierungen auch das hinnehmen, läßt an moralische Ausfallerscheinungen denken. Die westliche Welt kann das Absurde immer noch weiter treiben. Doch eines Tages wird die Politik des Widersinns zusammenstürzen; dann werden andere Politiker die Trümmer wegzuräumen haben.

9. Dezember 1992

»Du wirst einen kleinen Tschetnik zur Welt bringen«

Zur Lust am Töten kommt die Lust am seelischen Mord – Frauenlager als Tollhäuser der Menschenverachtung und Vernichtung

Ende November kam die Schreckensnachricht: Serbische Soldaten vergewaltigen in Bosnien muslimische Frauen und Mädchen planmäßig in eigens dafür errichteten Lagern. Die zivilisierte Welt hielt den Atem an.

Doch das massenhafte Vergewaltigen hatte in Bosnien bereits im Frühjahr begonnen, in den von Serbien eroberten Gebieten Kroatiens schon 1991. Als erster Ort dieses Verbrechens wurde das berüchtigte Gefängnis in der kroatischen Stadt Stara Gradiška ausgemacht. Dort saßen in der kommunistischen Zeit neben Schwerverbrechern viele politische Häftlinge. Als nach dem Sturz des Kommunismus die demokratische Regierung Kroatiens das Gefängnis auflösen wollte, meuterten die Gefängniswärter, die in der Mehrzahl Serben waren. Aus dieser Meuterei wurde dann eine Besetzung der Stadt; Stara Gradiška blieb in serbischer Hand.

Die Serben füllten das Gefängnis mit Kroaten beiderlei Geschlechts. Jede zweite der Frauen wurde von Gefängniswärtern und Tschetniks vergewaltigt, immerzu, jeden Tag. Einmal im Monat brachte man die Opfer zur gynäkologischen Untersuchung. Stellte der serbische Arzt eine Schwangerschaft fest, trieb er die Leibesfrucht ohne Betäubung ab. Danach kam die Frau zurück in die Gefängniszelle, wo das Vergewaltigen aufs neue begann. Kroatinnen, die schließlich aus Stara Gradiška nach Zagreb freigelassen wurden, berichteten dort vor einem Jahr widerstrebend Leuten, zu denen sie Vertrauen gefaßt hatten, von ihrem Schicksal.

Nach Stara Gradiška hatten die Serben Kroatinnen aus der um die Industriestadt Sisak gelegenen Region Banija gebracht. Mehrere hundert kroatische Frauen aus dem eroberten Ostslawonien hingegen konzentrierten die Serben in einem Lager im Waldgebirge Fruška Gora in der serbischen Region Vojvodina, also auf eigenem Staatsboden. Die serbischen Tschetniks nutzten das Lager zu militärischen Übungen und zur Erholung; letztere umfaßte auch das Vergewaltigen der Kroatinnen. Die meisten von ihnen wurden, als sie schwanger waren, nach Kroatien abgeschoben und kamen nach Zagreb. Ein weiterer bekanntgewordener Ort, an dem serbische Soldaten kroatische Frauen auf offensichtlich organisierte Weise vergewaltigten, ist das Militärgefängnis in Belgrad.

Auch Kroatinnen geschändet

Wie viele kroatische Frauen von serbischen Kämpfern im Krieg gegen Kroatien vergewaltigt wurden, darüber fehlen zuverlässige Angaben. Schätzungen sprechen von mehreren tausend. In Bosnien-Hercegovina haben die Serben offenkundig viel mehr Frauen, muslimische und kroatische, planmäßig in Lagern mißbraucht. Hier bewegen sich die Vermutungen zwischen den Zahlen 15 000 und 70 000. »Wir sind erst am Anfang der Untersuchungen«, sagt der bekannte Gelehrte Zvonimir Šeparović, Professor für Strafrecht an der Universität Zagreb, einer der Begründer der Viktimologie (der Wissenschaft von den Verbrechensopfern), der das im Oktober in der kroatischen Hauptstadt gegründete Zentrum zur Erforschung von Völkermord und Kriegsopfern leitet.

In den okkupierten Gebieten Koratiens leben nicht mehr viele Kroaten in ihren Dörfern und Städten; die meisten flohen vor den serbischen Truppen, ein kleinerer Teil wurde von ihnen weggetrieben; allerdings weiß niemand, wie viele Kroaten – Männer und Frauen – die Serben gefangenhalten. In Bosnien hingegen haben die Serben große Landstriche mitsamt der Bevölkerung erobert, und die Vertreibung hernach war ungleichmäßig. Es wird lange dauern, bis man einen Überblick über den Umfang dieses übelsten aller serbischen Kriegsverbrechen gewonnen hat.

Am Anfang steht auch noch das Bemühen um eine Verbrechens-Geographie. Bisher gibt es nur Bruchstücke. In dem Gebiet um Knin, im Hinterland Dalmatiens, wo die ansässigen Serben auf kroatischem Boden noch vor dem Krieg eine »Republik« ausriefen, kam es vor, daß nach einer Vergewaltigung serbische Militärpolizei erschien und die mißhandelte Kroatin ins Krankenhaus nach Knin zur Untersuchung brachte. Aus den Regionen Banija und Kordun gibt es bisher keine verläßlichen Erkenntnisse über Vergewaltigungslager. Aus diesen kroatischen Gebieten, in denen gleichfalls schon immer ein Teil der Bevölkerung serbisch war, wurden die Kroaten im serbischen Krieg rasch vertrieben. Aus Dalmatien wiederum kamen wenig Nachrichten von lange hingezogenem Mißbrauchen kroatischer Frauen; dort wurden so wie Kroaten auch Kroatinnen oft kurzerhand erschossen.

Den Ursprung der Massenvergewaltigungen machen manche in Ostslawonien aus, wo auch sonst das sadistische Mißhandeln kroatischer Gefangener verbreitet war, das dann in Bosnien-Hercegovina, als Serbien dort seinen nächsten Kriegsschauplatz eröffnet hatte, Höhepunkte erreichte. Es gibt also ein territoriales Gefälle der Vergewaltigungs-Verbrechen. Doch nach den Erkenntnissen von Professor Šeparović ist kein serbisch okkupiertes Gebiet davon ausgenommen.

In den Lagern in Bosnien sagen die Serben den vergewaltigten Musliminnen oft: »Du wirst einen kleinen Tschetnik zur Welt bringen.« Sie halten die Frauen dann so lange fest – bis zum sechsten Monat der Schwangerschaft oder noch länger –, daß den Freigelassenen eine Abtreibung kaum noch möglich ist. So verfuhren sie auch mit Kroatinnen in Bosnien und vordem im kroatischen Slawonien.

In Kroatien sind die Ansichten darüber geteilt, in welchem

Maß bevölkerungspolitischer Wahn Motiv der planmäßigen Vergewaltigungen ist. Manche Beobachter sprechen von einer genetischen Besessenheit der Serben: Sie seien davon durchdrungen, daß jedes von einem Serben gezeugte Kind ein »richtiger Serbe« sein werde. Andererseits wird darauf hingewiesen, daß die Frauenlager in Bosnien als Orte zur biologischen Vergrößerung der serbischen Nation wenig taugten. Bei den gefangenen Frauen hätten Angst und Entsetzen die Fähigkeit zur Empfängnis stark verringert. Das müßten auch die Serben wissen, wird argumentiert. Auch paßt nicht zu einem Vorrang des bevölkerungspolitischen Motivs, daß den Musliminnen und Kroatinnen in den Lagern häufig der Embryo zwangsweise abgetrieben wird.

Noch ist nicht hinreichend klar, ob das etwa hauptsächlich für Lager gilt, die zur sexuellen Erfrischung serbischer Soldaten eingerichtet wurden. Daß es auch in Bosnien solche Stätten gibt, steht außer Zweifel. Die serbischen Streitkräfte haben auch fahrbare Bordelle mit gefangenen muslimischen und kroatischen Frauen eingerichtet. Schließlich spricht gegen das Vorwiegen bevölkerungspolitischer Ziele, daß in den Lagern in Bosnien gefangene Frauen oft mit widernatürlichen Praktiken sexuell mißbraucht werden, die zu einer Empfängnis nicht führen können.

Professor Šeparović teilt mit vielen anderen kroatischen Beobachtern des serbischen Krieges die Ansicht, daß vor allem Haß und Verachtung gegenüber allem Nichtserbischen der Antrieb zu den Massenvergewaltigungen sei. Im Hintergrund steht ein Überlegenheitswahn, der möglicherweise Minderwertigkeitsgefühle verdecken soll. In der Hauptsache, so sagen manche Kroaten, gehe es den Serben bei den Massenvergewaltigungen darum, das muslimische und das kroatische Volk zu erniedrigen; Frauen sind in den Augen der Serben fürs Erniedrigen besonders geeignet.

Für diese Version spricht, daß serbische Kämpfer muslimische und kroatische Frauen, wenn sich die Gelegenheit ergibt, vor den Augen der Männer, Kinder, Eltern der Opfer vergewaltigen. Erniedrigungsabsicht ist auch am Werk, wenn serbische Kämpfer männliche Gefangene zu sexuellen, oft homosexuellen Manipulationen zwingen. Das kommt nach kroatischen Erkenntnissen häufig vor. Weil die Opfer fast immer schweigen, wird diese Art der psychischen Zerstörung von Menschen kaum bekannt.

Kroatische Historiker und Ethnologen erinnern auch an den überlieferten serbischen Männlichkeitskult, der Frauen mehr als Mittel zur Befriedigung männlicher Bedürfnisse und Interessen denn als Personen mit eigener Würde und als Gefährten erscheinen läßt. Sie verweisen auf den alten serbischen Brauch, nach welchem sich der Mann seine Frau durch Entführung verschafft. Schließlich kommen sie auf die in den Serben tiefverwurzelte Überzeugung zu sprechen, ein Serbe dürfe alles nehmen und nach Gutdünken behandeln, was er erobert hat.

Beim Suchen nach den Gründen darf man nicht den Faktor Alkohol außer acht lassen. In den serbischen Streitkräften, besonders den irregulären Verbänden, bei den Tschetniks, ist Alkoholismus weit verbreitet. Manche Einheiten sind öfter betrunken als nüchtern. Kroatische Soldaten berichten, sie hätten serbischen Verbänden gegenübergestanden, deren Angehörige ihnen entgegengewankt seien.

Moralische Hemmungen stehen dem Vergewaltiger nur unzureichend im Weg, weil bei den Serben eine Institution fehlt, die sich darum bemühte, ihnen ein vertieftes Bewußtsein und Gefühl für Werte zu geben. Die Serbische Orthodoxe Kirche ist zu sehr aufs Festhalten und Verbreiten des serbischen Nationalismus und Imperialismus bedacht, als daß sie sich wirksam der moralischen Erziehung des Volkes widmen könnte. Dazu sind, etwa in Bosnien, die meisten Serben ungetauft und ohne Kontakt zur serbischen Kirche.

Manche Opfer sind erst zwölf

Kroatische Sozialbehörden, die katholische Kirche, kroatische
und internationale humanitäre Einrichtungen suchen den von
den Serben aus den Lagern entlassenen vergewaltigten Frauen
zu helfen. In den staatlichen Sozialstationen in Kroatien sind
Psychologen und Ärzte damit beauftragt. Das erste Gebot für
sie ist Behutsamkeit. Die meisten Vergewaltigten verschwei-
gen ihr Schicksal und werden auf Fragen danach noch ver-
schlossener. Vergewaltigt, gar noch schwanger zu sein gilt als
Schande – bei den Muslimen vor allem, bei den Kroaten etwas
weniger. Vergewaltigte Mädchen – manche der Opfer sind erst
zwölf Jahre –, aber auch unverheiratete junge Frauen kehren,
wenn möglich, zu ihren Familien zurück. Dort fühlen sie sich
geschützt, aber medizinische, etwa psychotherapeutische
Hilfe erreicht sie nicht. Besonders schwer haben es vergewaltigte verheiratete Frauen, am schwersten geschwängerte. Die
islamische Geistlichkeit in Bosnien und Kroatien verkündet,
eine vergewaltigte Frau trage keine Schuld, die Ihren müßten
sie darum wiederaufnehmen. Wieweit die muslimische Bevölkerung dem folgt, läßt sich noch nicht übersehen.

Viele vergewaltigte Frauen, die verstoßen wurden oder be-
fürchtete Verstoßung vermeiden wollen, tauchen in der Groß-
stadt Zagreb unter. Dabei geraten sie schon wegen der in
Kroatien herrschenden Arbeitslosigkeit und des Wohnungs-
mangels in materielle Not und in die Isolation, die ihre seeli-
sche Not noch steigern kann. Für diese Frauen ist es nach
Ansicht von Ärzten das beste, wenn sie unauffällig in kleinen
Gruppen zusammenwohnen. Die meisten der vergewaltigten
Mädchen und Frauen werden wahrscheinlich keinen Mann
bekommen. Doch ohnehin wird es für bosnische Mädchen auf
lange Zeit schwer sein, sich zu verheiraten, da viele bosnische
Männer gefallen sind oder von den Serben ermordet wurden.

Die meisten der gewaltsam geschwängerten Frauen möchten ihr Kind nicht austragen. Das kroatische Strafrecht läßt

Abtreibung aus medizinisch-sozialer Indikation in den ersten drei Monaten zu. Wieweit der rechtliche Damm hält, ist ungewiß. Neugeborene aus Vergewaltigungen, welche die Mütter nicht behalten wollen, kommen in Kroatien in die schon bestehenden staatlichen und kirchlichen Heime für verlassene Kinder. Für 200 bis 300 solche Kinder muslimischer Mütter haben islamische Staaten die Heimkosten übernommen – ein geringer Beitrag. Da die Kinder Staatsangehörige von Bosnien-Hercegovina sind, sehen sich die kroatischen Behörden nicht befugt, Adoptionen zu bewilligen. Elternlos zu sein ist eine Last. Die Kinder werden es schwer haben.

Dezember 1992

Menschlichkeit auf serbisch

Das Auffälligste an dem jüngsten Angebot der bosnischen Serbenführer ist der Zynismus. Warme Zimmer statt kalter, gefüllte Teller statt leerer werden den Bewohnern Sarajevos versprochen, sofern sie die Stadt verlassen. Bestätigt sich damit nicht die Unverlierbarkeit des Humanen im Menschen? Wer Zehntausende muslimische Frauen vergewaltigen ließ, auf daß sie danach eine zerstörte Existenz führen müssen; wer Zehntausende Muslime und Kroaten grausam ermordete – dem ist es nicht gleichgültig, ob diejenigen es morgen schön warm haben werden, die unvergewaltigt und ungetötet blieben, weil er sie bisher nicht in seine Hand bekommen hat. Wichtiger als die Abgründe in den bosnischen Serbenführern sind aber ihre Ziele. Verlassen die Muslime und die Kroaten Sarajevo, sind dort die Serben Alleinherren. Dann aber wird es Staatsmännern in mehreren westlichen Hauptstädten, die Serbien um jeden Preis stützen und abschirmen wollen, noch leichter fallen, ihm Bosnien auf einer internationalen Konferenz in aller Form zu überschreiben. Dann würden sie vielleicht sogar zur Begründung anführen, die Serben hätten zwar manches verkehrt gemacht, doch seien sie immerhin so human gewesen, die Nicht-Serben aus Sarajevo gehen zu lassen.

10. Dezember 1992

139

Tödlicher Weihnachtsfriede

Vor Weihnachten, das wußte jeder, würde die westliche Welt in Bosnien nichts tun. Weihnachten ist das Fest des Friedens. Den Völkern in Mittel- und Westeuropa verheißt der Weihnachtsfriede 1992, daß sie in Bosnien nicht in militärische Aktionen verwickelt werden. Für Bosnien hingegen bedeutet er, daß die Mitwelt ruhig und friedlich zuschaut, wie die serbischen Streitkräfte Muslime und Kroaten verstümmeln, erniedrigen, töten. In unzähligen Weihnachtsansprachen, Predigten und Fürbitten wird die Hoffnung aufscheinen, Verhandlungen möchten dem Krieg ein Ende machen. Seit vielen Monaten aber verschafft das Verhandeln den serbischen Führern Zeit, mit dem Krieg, den ethnischen Säuberungen, den organisierten Grausamkeiten fortzufahren. Die Staatsmänner der zivilisierten Welt, gestützt jeweils auf die Volksmehrheit, haben sich am Anfang des serbischen Krieges entschlossen, den Opfern wirksame Hilfe zu verweigern. Ihre Streitkräfte wollen sie gegen die serbische Kriegsmaschine nicht einsetzen. Waffen wollen sie den um ihr Leben kämpfenden Völkern nicht geben.

Wer sie deshalb inhuman nennt, dem halten die westlichen Staaten und Gesellschaften ihren humanitären Einsatz entgegen: daß sie Lebensmittel schicken, Medikamente und sogar Soldaten, die das alles verteilen. Bis heute weicht die westliche Welt der Erkenntnis aus, daß im serbischen Krieg humanitäre Hilfe ohne militärische der Inhumanität den Weg bereitet. Die Versorgungsflüge nach Sarajevo sind zur Begründung dafür geworden, daß westliche Luftstreitkräfte nicht die todbrin-

gende serbische Artillerie auf den Bergen um die Stadt aus-
schalten. Die UN-Soldaten, die in Bosnien Nahrungsmittel
transportieren, sind als potentielle Geiseln den Serben Garan-
tie dafür, daß der Westen nicht militärisch eingreifen wird.

Mancher im Westen sieht die Ursache des Elends auf dem
Balkan darin, daß sich das Belgrader Regime nicht vom Bol-
schewismus lösen wolle. Wiederum eine Flucht vor der Wirklichkeit. In Bosnien schneiden serbische Kämpfer gefangenen
Muslimen mit Messern das Kreuz in den Leib. Nichtserbische
Gefangene werden, wie vorher in Kroatien, mit Torturen dazu
gezwungen, sich auf orthodoxe Weise zu bekreuzigen. Die
Schande Europas am Ende des Jahrhunderts kommt auch in
christlichem Aufzug daher.

24. Dezember 1992

Westliche Doppelmoral

Kann sich jemand vorstellen, die westlichen Mächte hätten ein Jahr nach Hitlers Einmarsch in Polen immer neue Friedenskonferenzen in Genf anberaumt, hätten dort die Delegierten Polens aufgefordert, sich gegenüber den Abgesandten des deutschen Führers konstruktiv zu zeigen? Kann man sich denken, die Westmächte hätten Hitler im Jahr 1940 wissen lassen, wenn er an seiner Politik festhalte, drohten ihm verschärfte Wirtschaftssanktionen? Ist es denkbar, daß die Westmächte Waffenlieferungen an die von Hitler-Deutschland überfallenen Staaten verboten und verhindert hätten? Heute, im Fall der serbischen Aggression, ist das alles Wirklichkeit. Zugrunde liegt moralische und politische Blindheit. Die zivilisierte Welt steht immer noch im Bann ihrer eigenen Anfangslüge, an dem südosteuropäischen Krieg seien alle in ihn verwickelten Länder schuld – Slowenien, Kroatien und Bosnien-Hercegovina ebenso wie Serbien. Solche Gleichsetzung der Opfer mit dem Täter nennt der Zagreber Erzbischof, Kardinal Kuharić, eine Beleidigung der Opfer; er sagte das Bischöfen aus Westeuropa, die ihn besuchten. Wenigstens in den christlichen Kirchen sollte es mit dieser Verirrung ein Ende haben.

31. Dezember 1992

Unrecht wird belohnt

Was sich die Vermittler Vance und Lord Owen als Regelung für den Staat Bosnien-Hercegovina vorstellten, ist schon darum verkehrt, weil die Serben danach unverhältnismäßig viel Land in die Hand bekämen, die Muslime hingegen, die stärkste Volksgruppe, auffällig zu wenig. Die bosnischen Muslime haben Entsetzliches erlitten, sie sind Opfer des von den serbischen Streitkräften planmäßig betriebenen Völkermords geworden. Dafür sollen sie nun noch bestraft werden; der serbischen Bevölkerungsgruppe, welche die Täter stellt, ist dagegen Landgewinn zugesagt. Angriffskrieg, ethnische Säuberung, Massengrausamkeit lohnen sich also.

Vor allem aber haben die Vermittler daran vorbeigeschaut, daß die Serbenführer in Bosnien nicht daran denken, in einem souveränen Staat Bosnien zu bleiben. Der bosnische Serbenführer Karadžić hat in Genf offen – daß er angesichts der Serbenfreundschaft mehrerer westlicher Regierungen Ausflüchte nicht nötig hat, weiß er längst – den Willen der Serben zur Lostrennung bekräftigt. Die bosnischen Serben fühlen sich als Teil Serbiens; ihre Streitkräfte sind ein Teil der serbischen Armee; in Belgrad wird ihre Politik bestimmt. Der bosnische Bundesstaat nach Ideen von Vance und Lord Owen wäre nur ein kurzer Übergang zum Anschluß des größeren Teils Bosnien-Hercegovinas an Serbien.

Der Plan ist deshalb so ungerecht und so wenig brauchbar, weil er auf falschem Fundament aufbaut. Nicht nur, daß UN und EG den Aggressor und sein Opfer als Gleichberechtigte betrachten; sie wollen eine Einigung zwischen beiden herbeiführen, jetzt, da der Aggressor seinen Krieg zum größten Teil gewonnen hat und dem Unterlegenen mit einer letzten Offensive droht. Die westliche Welt hätte Serbien erst die Fähigkeit zum Kriegführen nehmen müssen; danach hätten Verhandlungen zu einem annehmbaren Ergebnis führen können. Da Serbien seine ganze Angriffsmacht behält, macht Kroatien gute Miene zu einem Spiel, das ihm wenig Gutes bringen kann. Wenn es nach Vance und Owen geht, hätte Kroatien eine viel zu lange Grenze mit dem kriegswütigen Serbien, das jederzeit Kroatien in zwei Teile zerschneiden könnte. Man mag jetzt den kroatischen Präsidenten Tudjman schelten; aber wer hat Kroatien der serbischen Übermacht preisgegeben?

5. Januar 1993

Steckt der Westen mit Serbien unter einer Decke?

Bevor der Krieg gegen Bosnien-Hercegovina begann, hätten Großbritannien und Frankreich Serbien mitgeteilt, sie würden nicht militärisch eingreifen. Das berichtete der bosnische Außenminister Silajdžić, als er unlängst in Bonn war, eingeladen von zwei Bundestagsabgeordneten, kaum beachtet von der Bundesregierung.

Für seine Darstellung spricht vieles. Die Vereinten Nationen ordneten im Sommer 1992 an, daß in Bosnien-Hercegovina die Kriegführenden ihre schweren Waffen abzuliefern hätten. Bei weitem die meisten Panzer und Geschütze besitzen die serbischen Streitkräfte; bisher haben sie nicht ein Stück davon den UN-Verbänden übergeben. Niemand hat sie deswegen auch nur ernsthaft ermahnt. Serbien mißachtet auch das Flugverbot über Bosnien-Hercegovina. Die Vereinigten Staaten waren nach langem Zögern bereit, es durchzusetzen; aber nur zusammen mit Frankreich und Großbritannien, und die winkten ab. In einem Fahrzeug der UN haben Serben jetzt den stellvertretenden bosnischen Regierungschef Turajlić erschossen. Die Westmächte läßt es kühl.

Amerika hatte sich wahrscheinlich nicht vorher gegenüber den Serben darauf festgelegt, ihnen in Bosnien freie Bahn zu lassen; aber es folgt der gleichen Politik. Seit Wochen warnt Präsident Bush Belgrad davor, mit Krieg und ethnischer Säuberung auch noch das südserbische Kosovo (Amselfeld) zu überziehen; das werde die Welt nicht hinnehmen. Auch die Vereinigten Staaten haben Bosnien offenbar von vornherein abgeschrieben.

Zur Begründung ihres Untätigbleibens führen die westlichen Mächte an, sie sähen sich nicht imstande, im bergigen Bosnien einen Landkrieg zu führen. Damit lenken sie davon ab, daß Schläge aus der Luft genügten. Etwas anderes hat die bosnische Regierung nie verlangt. Bestimmt wirklich Angst vor einem militärischen Engagement mit großen Verlusten die Bosnien-Politik der westlichen Mächte – oder nicht vielmehr das Bestreben, die serbische Landnahme vonstatten gehen zu lassen?

Für das zweite spricht die permanente Weigerung, dem verzweifelt um sein Leben kämpfenden Staat Bosnien Waffen zu geben oder auch nur das Embargo aufzuheben, damit andere Staaten Waffen liefern könnten; eine politische und moralische Ungeheuerlichkeit. Die Westmächte verhalten sich im bosnischen Krieg so, als steckten sie mit den Serben insgeheim unter einer Decke. Sie sollen sich nicht künstlich aufregen, wenn ihnen das jemand, wie der bosnische Außenminister, ohne Floskeln vorhält.

Als Beweis verantwortungsvoller Fürsorge für Bosnien-Hercegovina geben die beiden von den UN und der EG bestellten Vermittler, der Amerikaner Vance und der Brite Lord Owen, ihren Friedensplan aus, der jetzt das Thema der sich hinziehenden Genfer Bosnien-Konferenz ist. Bosnien soll danach in nationale Zonen mit Autonomie und Selbstverwaltung gegliedert werden. Aber die Serben bekämen einen unverhältnismäßig großen Teil des Territoriums – dem Aggressor würde damit viel vom Ertrag seiner Aggression verbrieft. Der von westlichen Staatsmännern hundertfach wiederholte Satz, Angriffskrieg dürfe sich nicht lohnen, scheint für Serbien nicht zu gelten.

Werden wir etwa noch den Zynismus erleben, daß westliche Staatsmänner den bosnischen Muslimen sagen, sie brauchten gar nicht mehr viel Gebiet, da ja die Serben schon viele von ihnen ermordet hätten und vielleicht weitere in den Tod schicken würden?

Der Vance-Owen-Plan wolle, so heißt es, den einheitlichen Staat Bosnien-Hercegovina retten. Doch die bosnischen Serben verkünden siegestrunken, sie dächten an nichts als Lostrennung und Anschluß an das Mutterland Serbien. Darin wissen sie sich einig mit dem Oberführer aller Serben, dem Präsidenten Milošević in Belgrad, der seit 1991 Krieg führt, um Serbien zu vergrößern, so weit es nur geht. Nach den Erfahrungen der letzten zwei Jahre kann niemand erwarten, der Staat Bosnien-Hercegovina werde einen Vertragsabschluß nach den Maßgaben von Vance und Lord Owen um mehr als kurze Frist überleben. Nur wenn die serbische Aggression gescheitert und die serbische Kriegsmacht entwaffnet worden wäre, hätte eine Aussicht bestanden, die Serben Bosniens zum Verbleiben in einem bosnischen Staat zu bewegen, mit ausreichenden Garantien für ihre nationale Existenz. Daß es so nicht kam, daran haben die westlichen Mächte zusammen mit den Vereinten Nationen den größten Anteil.

Lord Owen führt nun auch noch Ruhmreden auf die Serben. Er spricht vom großen Serbenvolk – als sei dafür jetzt der richtige Augenblick, da die Mehrheit der Serben in ihrem Staat in einer im großen und ganzen freien Wahl sich teils für Milošević entschieden hat, teils für Politiker, die noch mehr Krieg, Eroberung und Brutalität wollen als dieser.

Lord Owen stellt auch Milošević als einen Mann hin, mit dem man verhandeln könne. Als Beleg führt er den Waffenstillstand zwischen Serbien und Kroatien an, der sich als haltbar erwiesen habe. Damit malt er eine Normalität an die Wand, die es nicht gibt. In den von ihnen besetzten Gebieten Kroatiens treiben die Serben die ethnische Säuberung weiter. Den ihnen aufgegebenen Rückzug ihrer Streitkräfte haben sie damit umgangen, daß sie Soldaten der Armee und Tschetniks in Polizisten verwandelten. Die gleichfalls vorgesehene Rückkehr der kroatischen Bevölkerung und Verwaltung in diese Regionen verhindern die Serben mit physischer Gewalt. Daß die UN-Truppen dies alles geschehen lassen, ist gespenstisch genug. Soll es jetzt auch noch als Erweis von Vertrauenswürdigkeit des serbischen Aggressors Milošević dienen?

11. Januar 1993

Hilfe für die Serben

Lagersäuberung

Frankreich kündigt Taten in Bosnien-Hercegovina an. Es werde, notfalls allein, die Gefangenen aus den Lagern befreien. Die militärischen Mittel, welche die französische Regierung dabei eventuell einsetzen will, könnten sich als überflüssig erweisen. Denn nach der Ankündigung von Außenminister Dumas haben die Serben Zeit, aus den Lagern wegzuschaffen, wen sie behalten, und in die Lager zu bringen, wen sie loswerden möchten. Wenn dann französische Autobusse vorfahren, könnte es sein, daß die serbischen Kommandeure mit großmütiger Geste Tausende Menschen übergeben, mit denen sie nichts mehr anzufangen wissen. Niemand wird aber die Serben dann hindern, weiter Krieg zu führen, Gebiete ethnisch zu säubern, zu töten, zu foltern. Dumas spricht davon, daß man das Waffenembargo gegen Bosnien aufheben könnte. Ein Wort, das zu nichts verpflichtet, aber immerhin ein Wort. Doch der deutsche Außenminister Kinkel hat nun wiederum gesagt, er sei gegen die Aufhebung. Ein Argument dafür bringt er nicht vor. Offenbar geht es nur darum, Verkehrtes zu wiederholen, damit sich die Leute daran gewöhnen.

12. Januar 1993

Zeitgewährung

Es war ein Minimalschlag. Die Westmächte haben jetzt gegen den Irak gerade so viel militärische Macht eingesetzt, wie mindestens nötig war, um vier Zwecke zu erreichen. Der erste:

149

ein Nasenstüber für Saddam, damit er für eine Weile Ruhe gebe. Der zweite Zweck: Genugtuung für Bush, der damals den Golfkrieg abgebrochen hatte, ehe die irakische Armee zerstört war, und seither den Dreistigkeiten Saddam Husseins zuschauen mußte. Der dritte: es dem neuen Präsidenten Clinton ersparen, daß er seine Amtszeit mit einer Kriegsaktion beginnen muß.

Am wichtigsten ist wahrscheinlich der vierte Zweck: vom westlichen Nichtstun im europäischen Krieg ablenken. Das begann schon mit der Somalia-Aktion. Alle Erwartungen erfüllen sich. Die Medien sind mit anderen Weltregionen und Mächten beschäftigt; und in Amerika auch die Leute. Das sieht in Europa etwas anders aus; hier ist der Völkermord, den die serbischen Streitkräfte an bosnischen Muslimen und Kroaten begehen, tiefer ins Bewußtsein der Bevölkerung gedrungen. Doch einen Verdrängungseffekt haben die Nachrichten aus dem Irak auch hier. Wenn er nur eine Woche anhält, wird es lange dauern, bis die bosnischen Greuel beim Publikum die Aufmerksamkeit wiedererlangen, die ihnen vorher sicher war. So kann nun über die Auslegung des Genfer »Friedensplans« verhandelt werden. Die Serben können die Gespräche beliebig in die Länge ziehen, auch unterbrechen; sie können mit Abbruch drohen. Darüber wird Zeit vergehen, in der sie weitere Gebiete erobern und von Nichtserben säubern. Der Winter hilft mit, längst hat das Massensterben an Kälte und Hunger begonnen. Ein unabsehbarer neuer Flüchtlingsstrom wird sich von Bosnien nach Kroatien ergießen und dieses von Krieg und Kriegsfolgen erschöpfte Land erdrücken. So erledigt Serbien mit einem Schlag zwei Staaten.

Die westlichen Regierungen gewähren Serbien die dafür nötige Zeit. Sie wissen schon, wie man mit jemandem wie Milošević oder Karadžić umgehen müßte. Saddam Hussein reagiere nicht auf diplomatische Vorhaltungen, sagt der britische Verteidigungsminister Rifkind. Von derselben Art sind

Milošević und Karadžić. Aber denen will der Westen nicht in den Arm fallen, und koste es Hunderttausende Menschenleben.

15. Januar 1993

Der »Friedensstifter« als Kriegsverbrecher

Milošević, der serbische Oberherrscher, hat es bei manchen westlichen Staatsmännern leicht. Ungeduldig warten sie auf Gelegenheiten, ihn zu loben, ihm herzlich die Hand zu drükken. Unlängst bei der Genfer Bosnien-Konferenz wurde er wie ein Friedensstifter gefeiert, weil er dem bosnischen Serben-Führer Karadžić zugeredet hatte, den westlichen »Friedensplan« zu unterschreiben. Es kann ein abgekartetes Spiel gewesen sein; der Plan bietet der serbischen Seite viele Vorteile, und niemand weiß, ob die Serben vorhaben, sich daran zu halten. Doch die Lobreden über Milošević flossen. Daß er ein Drittel Kroatiens besetzt hält und dort mit dem ethnischen Säubern fortfährt, daß seinem Eroberungskrieg gegen Kroatien und Bosnien Hunderttausende zum Opfer fielen, gilt im Westen als unwichtig. Aber nun ist ein neuer Ton zu hören. Der künftige amerikanische Präsident Clinton hat einen Kriegsverbrecher-Prozeß gegen Milošević verlangt. Das läßt noch nicht erkennen, ob Amerika Bosnien endlich zu Hilfe kommen wird. Doch wahrscheinlich geht die Zeit zur Neige, da auch amerikanische Regierungspolitiker mit Milošević wie mit einem leider gelegentlich zu Ungezogenheiten neigenden Freund und Verbündeten umgingen.

16. Januar 1993

Historische Treue statt Wirklichkeitssinn

Serbien profitiert von seinen alten Beziehungen zu den Westmächten

Längst wären die westlichen Mächte Serbien in den Arm gefallen, wenn sie nicht die serbische Nation als alten Verbündeten betrachteten und schätzten. Am 28. Juni, am Veitstag des vorigen Jahres, kreuzte der französische Präsident Mitterrand in Sarajevo auf. Muslime und Kroaten schöpften Hoffnung: Vielleicht werde Frankreich nun doch, zusammen mit anderen, militärisch eingreifen. Bald stellte sich heraus, daß das Unternehmen im Gegenteil Frankreich seine Politik des Nichteingreifens erleichtern sollte.

Doch schon vorher hätte man es wissen können. Wie sollte ein französischer Präsident gerade in Sarajevo einen gegen Serbien gerichteten Entschluß fassen, in der Stadt, die aus herkömmlicher französischer Sicht Franzosen und Serben eng verbindet? Der gelungene Mordanschlag junger Serben auf den österreichischen Thronfolger in Sarajevo, am Veitstag 1914, war der Auftakt zum Ersten Weltkrieg, in dem Frankreich und Serbien Seite an Seite standen. Aber wofür kämpfte Serbien? Die von Belgrad angeleiteten Attentäter von Sarajevo suchten Österreich-Ungarns Herrschaft über Bosnien zu beseitigen, die auf den Berliner Kongreß von 1878 zurückging. Doch sie wollten diese balkanische Region nicht den dort ansässigen Völkern überlassen, sondern nur der serbischen Nation und dem serbischen Staat darbringen. Den Muslimen und Kroaten in Bosnien-Hercegovina war zugedacht, sich unter serbische Herrschaft zu beugen.

Imperialistisch war dann auch das Kriegsziel Serbiens: ein Groß-Serbien zu schaffen, das außer den bosnischen Muslimen die kroatische und die slowenische Nation einschloß, dazu viele Ungarn und Donauschwaben. Wie es dort zugehen würde, konnte nicht zweifelhaft sein. In den Balkankriegen von 1912/1913 hatte Serbien das Amselfeld (Kosovo) erlangt – und sogleich hatte es dort mit blutigem Unterdrücken der albanischen Bevölkerung begonnen.

Die serbischen Waffenbrüder der Franzosen in den Jahren 1914 bis 1918 lassen sich also nicht für das hohe Ziel der Völkerbefreiung in Anspruch nehmen. Es war eine Allianz aus übereinstimmenden Machtinteressen. Dafür braucht sich Frankreich auch acht Jahrzehnte später nicht zu genieren; doch von der zugehörigen falschen Humanitätslyrik könnte man in Paris – wie auch in anderen Hauptstädten – allmählich lassen. Absurd ist jedenfalls der Versuch, jene Kriegs-Gemeinsamkeit der Westmächte und Serbiens in die heutige Zeit zu verlängern, da Serbien einen Vernichtungskrieg führt.

Andere Bindungen zwischen den Westmächten und Serbien stammen aus der Zwischenkriegszeit. Das groß-serbische »Königreich der Serben, Kroaten und Slowenen«, das erst 1929 den Namen »Jugoslawien« bekam, bildete mit der Tschechoslowakei und Rumänien die Kleine Entente, die am Beginn der zwanziger Jahre vor allem auf Prager Betreiben entstanden war und sich schnell in das Linienwerk der Pariser und Londoner Osteuropapolitik einfügte.

Für Frankreich hatte Jugoslawien indessen größere Bedeutung als Gegenmacht Italiens an der Adria. Paris hat die Begründung des groß-serbischen Staates eifrig gefördert. Italien wollte sich nach dem Ersten Weltkrieg am östlichen Adria-Ufer bis weit nach Süden ausbreiten.

Der französischen Diplomatie vor allem ist es zuzuschreiben, daß Dalmatien dann doch, mit Ausnahme von Zadar (Zara), an Jugoslawien fiel. Bis in die zweite Hälfte der dreißiger Jahre hatte Frankreich in seiner Rivalität mit der auch in die Donau-Region ausgreifenden Mittelmeermacht Italien seinen verläßlichsten und stärksten Helfer im groß-serbischen Königreich.

Dem königlichen Jugoslawien der Zwischenkriegszeit waren Frankreich und England geneigt; daß es ein Völkerkerker war, störte sie nicht bei einem Freund. Solche geschichtliche Erfahrung wirkt heute mindestens atmosphärisch mit, wenn die Staatsmänner in Paris wie in London die balkanpolitischen Entscheidungen treffen und die Beamten sie ausführen. So geht es überall auf der Welt zu. Doch dürfen angenehme Erinnerungen an längst vergangenes Zusammenwirken mit einem Staat ins Gewicht fallen, der seit bald zwei Jahren seine Nachbarschaft mit Tod und Zerstörung überzieht?

Mehrere westliche Regierungen halten heute Serbien zugute, daß es der Nachfolger des kommunistischen Jugoslawien sei, welches sich in Südosteuropa und in der ganzen Welt jahrzehntelang um Frieden, Zusammenarbeit und Freiheit verdient gemacht habe. Hier werden westliche Politiker Opfer der Wahnideen, die sie jahrzehntelang wider die offenbare Wirklichkeit hegten. Tito hat gegen Hitler und Mussolini gekämpft, weil er Jugoslawien bolschewisieren wollte. Er hat sich Stalin widersetzt, weil er in seinem Land sein eigener Stalin sein wollte. Rasch entledigte sich Tito der bürgerlichen Politiker, die er 1945 auf Drängen der Westmächte in seine Regierung genommen hatte. Der Tito-Staat begann als Menschenvernichtungs-Anstalt, und der jugoslawische Unterdrückungsapparat konnte es an Grausamkeit mit dem sowjetischen aufnehmen.

Jugoslawien stand abschirmend daneben, als die Sowjetunion 1956 Ungarn niederwarf. Als sie 1968 die Tschechoslowakei besetzt hatte, versicherte Tito, Jugoslawien werde, wenn es darauf ankomme, immer an der Seite des Sozialismus stehen. In der Staatengruppe der »Blockfreien« war Jugoslawien oft eine treibende antiwestliche Kraft.

Diesem Zwangsstaat nachzutrauern, wie es manche westliche Politiker tun, ist eine Torheit. Serbien zu begünstigen, weil in ihm – das bolschewikische – Jugoslawien fortlebe, zeugt von moralischer und politischer Blindheit.

26. Januar 1993

155

Der Genfer Friedensplan

Ein grausames Spiel

Der Friedensplan der beiden Bosnien-Vermittler Vance und Lord Owen verdient seinen Namen nicht. Man kann sich schwer vorstellen, daß sich die Serben unter diesen Umständen auf den ihnen vorgeschlagenen Handel einlassen werden. Die westlichen Mächte ließen zu, daß die serbische Militärmacht ihren Krieg gegen Bosnien-Hercegovina bis nahe an den Sieg führte. Dem übermächtig gewordenen Angreifer schlugen die Vermittler eine Regelung vor, die ihm viel, aber nicht alles gegeben hätte, was er verlangte. Zugleich führten die Westmächte, in Gestalt französischer UN-Soldaten, in Sarajevo vor, daß von ihnen Schutz nicht einmal ein bosnisches Regierungsmitglied zu erwarten hat, das sich ihnen anvertraut.

Niemand konnte denken, unter solchen Umständen würden sich die Serben auf den ihnen vorgeschlagenen Handel einlassen. Viel Wirklichkeitsverweigerung ist man von Vance und Lord Owen gewohnt. Aber nicht einmal sie können so verbohrt sein, einer solchen Luftgestalt nachzulaufen. Wahrscheinlich geht es darum, das Verhandeln um des Verhandelns willen immer weiter hinauszuziehen.

Militärischen Beistand für das gemarterte Bosnien lehnen die westlichen Mächte ab. Aber wenigstens zu einem wirksamen Ölembargo könnten sie sich entschließen. Das von der WEU gegen Serbien verhängte ist eine Groteske, weil Serbien es mit dem Zauberaufdruck »Transit« auf dem Landweg umgehen kann: Öllieferungen werden in Griechenland an Scheinempfänger in dritten Staaten adressiert und in Serbien oder sogar in Bosnien – wenn die Papiere dieses Land nennen – übernommen. Das lassen die westlichen Mächte zu. Fachleute schätzen, Serbien werde bei einer lückenlosen Ölsperre nach zehn Tagen zusammenbrechen. Ebendies wünschen mehrere westliche Regierungen offenbar nicht.

13. Januar 1993

Falsche Fronten

Mit Widerstreben nur lassen sich die bosnischen Muslime auf den Plan der Vermittler Vance und Lord Owen ein. Sie möchten, daß Bosnien-Hercegovina ein von den zentralen Institutionen in Sarajevo geleiteter Staat sei. Unter dem Druck der Umstände stimmen sie der Aufgliederung in nationale Regionen zu. Doch mit dem Zuschnitt der Regionen sind sie nicht einverstanden, das größte der drei Völker in Bosnien möchte sich nicht zusammenpferchen lassen. Die Serben aber tun, als fiele ihnen noch nicht genug zu.

Bisher waren die Serben militärisch übermächtig. Doch die Muslime, bei denen alles lange dauert, haben jetzt ihre Streitkräfte zweckmäßiger organisiert. Bleiben Vance und Lord Owen – sowie die Regierungen in Washington und London, auf welche die beiden vor allem hören – bei ihrer Politik, dann werden sie darauf hinwirken, daß der den Serben nicht mehr nützliche Krieg schnell zu Ende komme. Sollten dann die Muslime ihre Offensive dennoch fortsetzen, hätten sie vom Westen Schritte zu erwarten, zu denen er sich Serbien gegenüber bis heute nicht bereit findet. Vielleicht gelingt es ihnen, mit Erfolgen auf dem Kampffeld ihre Verhandlungsmacht in Genf zu vergrößern. Aber einen bosnischen Einheitsstaat werden sie nicht durchsetzen.

Ihn wollen auch die bosnischen Kroaten nicht. Schnell sind ihre Führer auf den Plan von Vance und Lord Owen eingegangen. Die Risiken liegen auf der Hand. Serbien will das eroberte Drittel Kroatiens nicht herausgeben; niemand weiß, ob es nicht noch einmal über seinen nördlichen Nachbarn herfallen wird. Wie will Kroatien in der Welt das Bewußtsein dieser Gefahr wachhalten, wenn es jetzt darangeht, sich auf Kosten der Muslime mit Serbien zu arrangieren? Kein Abkommen wird Serbien daran hindern, sich eines Tages die serbischen autonomen Provinzen Bosniens einzuverleiben.

Die Zagreber Regierung hat aber noch anderes zu bedenken. Kroatien ist erschöpft und hat vom Westen nichts zu erhoffen. Über dem Krieg und der den Aggressor begünstigenden Politik der Westmächte kommen die Aggressionsopfer, die ohnehin schon Mühe miteinander haben, immer weiter auseinander. Es ist wie bei einem Raubüberfall, wenn die Räuber die Geiseln gegeneinander ausspielen und niemand eingreift. Sind dann die Geiseln zu tadeln?

22. Januar 1993

Alles was sie wollen

Gegen den »Friedensplan« für Bosnien, den die Vermittler Vance und Lord Owen durchsetzen wollen, bringt der amerikanische Außenminister Christopher Bedenken vor: Den Serben würden dann große Gebiete zufallen, die sie mit Völkermord ethnisch gesäubert haben. Das hält auch der bosnische Präsident Izetbegović den beiden Vermittlern vor. Aber noch mehr ist einzuwenden. Nichts spricht dafür, daß die serbische Führung einen national regionalisierten Staat Bosnien und Hercegovina respektieren würde. Da sie sich bisher alles erlauben durfte, wird sie die den Serben zugesprochenen Regionen eines neu formierten Bosnien bald an Serbien anschließen. Dann säßen die Muslime, das größte Volk in Bosnien, hilflos dazwischen. Was täte die westliche Welt? So wenig wie jetzt. Lord Owen hebt abwehrend die Hände, wenn jemand verlangt, man solle Bosnien endlich Waffen zukommen lassen. Außenminister Kinkel schließt eine Aufhebung des Embargos gegen Bosnien nicht mehr aus; das ist der deutsche Beitrag zum Schutz des überfallenen Staates. Von schärferen Sanktionen gegen Serbien ist hier und da die Rede. Bisher sind sie so scharf, daß auf der Donau beliebig viele Tanker Serbien erreichen.

2. Februar 1993

Falsch orientiert

Die neue amerikanische Regierung hält Abstand von dem sogenannten Friedensplan für Bosnien, den sich die Vermittler Vance und Lord Owen ausgedacht haben. Sie würde ihn vielleicht sogar ausdrücklich ablehnen, sofern sie damit nicht im Atlantischen Bündnis allein bliebe. Deshalb hat es großes Gewicht, was der deutsche Außenminister jetzt sagt. Kinkel unterstützt Vance und Owen. Deren Plan hat drei entscheidende Mängel: Er belohnt die Serben für Aggression und Völkermord; er demütigt die Muslime, das Aggressionsopfer; er trifft keine Vorkehrungen dagegen, daß die Serben das Verhandeln über Einzelheiten endlos hinausziehen und währenddessen mit dem ethnischen Säubern fortfahren. Die Kroaten würden gut abschneiden. Da ein Drittel des kroatischen Staates in serbischer Hand ist, suchen sie sich in Bosnien zu entschädigen. Das ist verständlich, aber nicht weitsichtig. Die westlichen Regierungen sollten sich nicht darauf berufen; denn sie sind es, die Kroatien in solch beklagenswertem Zustand festhalten. Die Politik von Vance und Owen ermutigt den Kriegsstaat Serbien, und Deutschland tut mit.

5. Februar 1993

Amerikanische Luftblasen

Das meiste von dem, was die Regierung Clinton in ihren Plan für Bosnien geschrieben hat, sind Luftblasen. Die Wirtschaftssanktionen sollen verschärft werden: Woher soll auf einmal in der westlichen Welt der Wille kommen, das Ölembargo durchzusetzen? Ein Kriegsverbrecher-Tribunal soll errichtet werden: Welchen Grund sollten die serbischen Kriegsverbrecher haben, dort zu erscheinen? Amerika fordert die am Krieg Beteiligten auf, von Gewalt Abstand zu nehmen: Die Serbenführer sind bisher mit Gewalt gut gefahren und haben Aussicht, noch mehr von Bosnien zu gewinnen. Das Flugverbot über Bosnien soll erzwungen werden: Die Serben sind auf die Luftwaffe nicht angewiesen. Verhandlungen sollen zu einer Lösung führen: Darin steckt zum einen die Weigerung, dem serbischen Aggressor mit Waffengewalt entgegenzutreten und dem um sein Leben kämpfenden Bosnien Waffen zu liefern. Das wären die beiden einzigen wirksamen Methoden, die Aggression zu beenden. Gegen beide haben sich die europäischen Regierungen entschieden, nun folgt ihnen die amerikanische.

Zum anderen bedeutet das Verengen auf Verhandlungen, daß eine Regelung ins Belieben der Serbenführer gestellt wird, die auch bestimmen können, wie lange sie die Gespräche hinziehen, um Zeit für weitere Eroberungen in Bosnien und für die wirtschaftliche Zerstörung Kroatiens zu gewinnen, das unter der Flüchtlingslast zusammenbrechen wird.

Wie sich die Regierung in Washington das Ergebnis der Verhandlungen vorstellt, läßt sie im ungewissen. Sie hat sich den Plan der Unterhändler Vance und Lord Owen nicht zu eigen gemacht; und sie gibt zu erkennen, daß sie wichtige Teile davon ablehnt. Bei einer Aufteilung des Staates Bosnien und Hercegovina in nationale Regionen möchte sie den Serben weniger, den Muslimen mehr Land zukommen lassen. Wie das erreicht werden soll, sagt sie nicht. Nur Einfältige können sich davon blenden lassen, daß Außenminister Christopher am Ende doch noch von militärischer Intervention sprach: zum Durchsetzen eines von allen Kriegsbeteiligten unterschriebenen Friedensvertrags. Milošević und Karadžić brauchen nichts zu unterschreiben. Tun sie es, können sie darüber hinweggehen. Amerika würde dann allenfalls zusammen mit den europäischen Mächten militärisch eingreifen. Die aber haben soeben das Spurenelement von Interventionsbereitschaft beseitigt, das es in Amerika gab.

12. Februar 1993

161

Nicht Jugoslawien, sondern Serbien

Unklarheiten und Halbheiten um das jugoslawische Erbe

Auf vielfältige Weise versagt die Staatengemeinschaft im Angesicht Serbiens. Sie möchte nicht einmal aus der rechtlichen Lage Serbiens die gebotenen Folgerungen ziehen. Jugoslawien besteht nicht mehr. Von den sechs Republiken, die es einst bildeten, haben sich seit Sommer 1991 vier für unabhängig erklärt – Slowenien, Kroatien, Bosnien-Hercegovina, Mazedonien. Die drei ersten sind völkerrechtlich anerkannt; Mazedonien steht nahe davor. Die vier nun Unabhängigen sind nicht aus Jugoslawien ausgetreten, sie haben vielmehr die jugoslawische Staatlichkeit aufgekündigt. Danach ist Jugoslawien nicht etwa in verringertem Umfang bestehen geblieben; es hat vielmehr aufgehört zu bestehen.

Auf seinem Gebiet gibt es sechs neue Staaten. Sie alle konnten sich um die völkerrechtliche Anerkennung bewerben. Die EG hat in ihren »Richtlinien für die Anerkennung neuer Staaten in Osteuropa und in der Sowjetunion« vom Dezember 1991 Erfordernisse aufgestellt, von deren Erfüllung sie, für ihre Mitglieder, die Anerkennung abhängig machte. Slowenien und Kroatien genügten nach dem Urteil einer hierfür von der EG eingesetzten Kommission schon im Januar 1992 diesen Anforderungen; Bosnien-Hercegovina wurde im April 1992 von der EG anerkannt. Mazedonien versagten die EG-Staaten bislang, wegen Drucks der griechischen Regierung, die Anerkennung.

Serbien und Montenegro hätten nach dem Untergang Jugoslawiens die völkerrechtliche Anerkennung beantragen können. Doch hätte sie ihnen versagt bleiben müssen. Die Staaten der Europäischen Gemeinschaft können wegen ihres EG-Katalogs von Bedingungen nicht Staaten anerkennen, die UN wegen ihrer Charta nicht Staaten aufnehmen, die Aggression und Völkermord betreiben und auf ihrem Territorium nationale Minderheiten mißhandeln.

Nicht nur weil sie das wußten, vermieden es die serbischen Führer (und die montenegrinischen, ihre Satelliten), für ihr Land Anerkennung und Aufnahme in die UN zu beantragen. Sie nahmen vielmehr für Serbien den Rechtsstatus des zerfallenen Jugoslawien in Anspruch. Damit gedachten sie nicht nur alle Anerkennungs- und Aufnahmehindernisse zu umgehen, sondern auch das Eigentum des früheren Jugoslawien juristisch an sich zu bringen – Bankguthaben in der westlichen Welt, Botschafts- und Konsulatsgebäude, Schiffe; das ganze Waffenarsenal der »Jugoslawischen Volksarmee«.

Da sie indessen des Erfolgs nicht sicher waren, gründeten sie im April 1992 die »Bundesrepublik Jugoslawien« als Bundesstaat aus Serbien und Montenegro. Ob das ihrem Zweck förderlich war, ist zweifelhaft. Das Behaupten von Identität mit dem alten Jugoslawien war damit unvereinbar. Darüber konnte allerdings der Namensbestandteil »Jugoslawien« hinwegtäuschen. Viele Politiker und Journalisten in der Welt haben sich tatsächlich täuschen lassen – immer wieder ist die Rede von »Rest-Jugoslawien«. Doch die Regierungen und die internationalen Organisationen waren nicht alle so einfach hinters Licht zu führen. Dort erkannte man meist, daß das »neue Jugoslawien«, in Wahrheit Serbien mit dem Satelliten Montenegro, mit einem Anschein von Vernunft allenfalls geltend machen konnte, Erbe des alten zu sein.

Aber Erbe, Alleinerbe des völkerrechtlichen Status und der daraus folgenden Rechte? Die EG verwies am 16. Dezember 1991 alle jugoslawischen Republiken, also auch Serbien (und seinen Satelliten Montenegro), auf die von ihr im Dezember 1991 beschlossenen Richtlinien zur Anerkennung neuer Staaten. Auf diesen Weg wollte sich Serbien bisher nicht einlassen.

Es wäre abgewiesen worden; und vor allem hätte es seinen Rechtsanspruch untergraben.

Weniger klar verfuhr mit Serbien (und Montenegro) die Konferenz für Sicherheit und Zusammenarbeit in Europa (KSZE). Nach langem Zögern schloß sie am 8. Juli 1992 Serbien für knapp drei Monate von allen Treffen der Organisation aus. Das wurde dann verlängert. Nach vorherrschender Auffassung ist damit die Mitgliedschaft des ehemaligen Jugoslawien suspendiert. Bis heute hat also die KSZE nicht die nötigen Konsequenzen daraus gezogen, daß es das alte Jugoslawien nicht mehr gibt. Noch während einer Expertenkonferenz der KSZE in Genf im vorigen Oktober wehte vor dem Gebäude auch die Staatsfahne des alten Jugoslawiens. Das sind Absurditäten, die vor allem darauf zurückgehen, daß sich Rußland und Frankreich besonders schwer mit dem Verschwinden Jugoslawiens abfinden.

Die der Wirklichkeit angemessene Entscheidung müßte lauten: Die Mitgliedschaft Jugoslawiens in der KSZE habe wegen Untergang des Mitglieds aufgehört; die neue »Föderative Republik Jugoslawien«, also Serbien mit seinem Satelliten Montenegro, könne sich um Aufnahme mit Erfolg erst dann bewerben, wenn sie von ihrem Eroberungskrieg lasse.

In den Vereinten Nationen führt Serbien eine geschmälerte Existenz. Der Sicherheitsrat hat am 19. September 1992 Jugoslawien von der Teilnahme an der UN-Vollversammlung ausgeschlossen, nicht aber aus der Weltorganisation überhaupt. Er hat die Mitgliedschaft nicht einmal suspendiert. Welches »Jugoslawien« hat der Sicherheitsrat gemeint – das alte oder das aus Serbien und seinem Trabanten Montenegro neu gebildete, also kurz gesagt: Serbien? Das läßt sich nicht zuverlässig ermitteln. Manches weist darauf hin, daß die UN das alte Jugoslawien als erledigt betrachten und nur noch das neue im Blick haben. Dagegen spricht allerdings, daß noch die Fahne des alten Jugoslawien vor dem UN-Gebäude in New York aufgezogen ist. Dies ließe sogar daran denken, daß die UN den heutigen serbischen Staat (mit seinem Satelliten Montenegro) als identisch mit dem untergegangenen Jugoslawien betrachteten. Doch ebendies haben sie verneint. Nicht einmal eine alleinige Rechtsnachfolge erkennen sie an.

Welcher Staat aber hat die serbischen Offiziere entsandt, die in Angola mit Blauhelmen unter dem Kommando der UN dienen, auf Einladung des UN-Generalsekretärs Boutros-Ghali vom 30. November 1992? Gibt es diesen Staat, und wenn ja, ist er völkerrechtlich anerkannt? Nehmen die UN in ihre militärischen Einheiten auch Soldaten aus Ländern ohne völkerrechtliche Anerkennung? Hätten die Vereinten Nationen klar die Folgerungen aus dem Untergang Jugoslawiens gezogen, gäbe es kein Zwielicht.

17. Februar 1993

Hungertod

Aus Ostbosnien, wo Städte und Dörfer seit Monaten von den Serben eingekesselt sind, zwischen hundert- und zweihunderttausend Menschen, gibt es Nachrichten über Kannibalismus. Der bosnische Botschafter bei den UN in New York hat sie bekanntgemacht. Das Flüchtlingswerk der Vereinten Nationen widerspricht. Wie es sich wirklich verhält, wird sich zuverlässig so bald nicht ermitteln lassen. Denn die Regierung Bosniens hat zu dem von Serbien beherrschten Osten ihres Landes keinen Zugang. Aber auch das Hilfswerk der UN verfügt nur über schmale Kenntnisse davon, wie die zumeist muslimischen Bewohner der Region leben und sterben. Es hat keinen Grund zu Behauptungen von der Art, Kannibalismus sei heute in Ostbosnien noch nicht denkbar. Die UN, in ihren verschiedenen Zweigen, haben auf dem Gebiet des untergegangenen Jugoslawien schon so viel übersehen; da wäre Vorsicht angebracht. Mit dem Streitwort »Hysterie« sollten sie jedenfalls nicht Repräsentanten des Staates Bosnien rügen. Denn die Mehrheit seiner Bewohner ist in ein Elend gestürzt worden, wie es in den letzten Jahrzehnten keiner europäischen Nation auferlegt war.

Unermeßlich ist die Not an vielen Orten Ostbosniens. In der belagerten Stadt Goražde sterben täglich Menschen an Hunger, der Bürgermeister hat es alle Welt wissen lassen. Nicht, daß die UN dorthin keine Transporte schickten. Aber die Lastwagen werden von den Serben angehalten, lange aufgehalten, dürfen dann ein Stück weiterfahren, müssen wieder stehen. Und seit Monaten weist die bosnische Regierung darauf hin, daß die serbischen Streitkräfte sich von diesen Hilfsgütern nehmen, was ihnen paßt. Die Täter des Völkermords versorgen sich mit der Nahrung für die Opfer. Und die Vereinten Nationen lassen es geschehen.

Sie verstecken sich hinter ihrer Hilfe für Sarajevo. Die will die bosnische Regierung nicht länger verteilen, solange die Welt den vom Hungertod Bedrohten in Ostbosnien nicht hilft. Das ist der Schritt einer Regierung, die in ihrer Verzweiflung nicht mehr weiter weiß. Von den UN hört sie darauf das Urteil: »Skrupellos!« Es wäre besser, die Vereinten Nationen hätten mehr Skrupel und ließen in Bosnien nicht das serbische Heer bestimmen, wen die Weltorganisation vor dem Hungertod bewahren darf.

18. Februar 1993

Bosnien – hilflos

Die bosnische Regierung versuchte, die im Osten ihres Staates von den Serben eingekesselten Muslime vor dem Verhungern zu retten. In der Verzweiflung griff sie zum letzten Mittel: Hilfslieferungen der UN für Sarajevo nahm sie nicht mehr an. Wenn die Beauftragten der UN sähen, wie die Menschen in Sarajevo vor Hunger umfallen, dann würden sie vielleicht endlich etwas unternehmen für die hundert- bis zweihunderttausend Ausgehungerten in Ostbosnien. Vielleicht hat der Schritt zu den Erwägungen in Washington beigetragen, man könnte die Umzingelten aus der Luft versorgen. Und vielleicht schicken sich wiederum deshalb die Serben jetzt an, einige Hilfstransporte durchzulassen. Das bosnische Fernbleiben von den Verhandlungen in New York ist ein neues Notsignal. Daß die bosnischen Truppen vorerst nur noch zur Selbstverteidigung schießen, ist weniger ein Beitrag zum Friedensprozeß, wie Präsident Izetbegović sagt, als ein Zeichen militärischer Schwäche. Das bosnische Heer ist zu einer Offensive nicht imstande; mit kroatischer Hilfe kann es gerade die Linien halten, wahrscheinlich nicht mehr lange. Doch nicht einmal die Aufhebung des Waffenembargos hat Izetbegović von den Weltmächten zu erwarten.

22. Februar 1993

Kriegsverbrecherprozeß gegen Sieger?

Die Prinzipien von Nürnberg seien bestätigt worden, sagte die amerikanische UN-Botschafterin, als der Sicherheitsrat ein Tribunal zur Bestrafung von Kriegsverbrechern im untergegangenen Jugoslawien gefordert hatte. Aber seinerzeit besiegten die Westmächte erst Hitler-Deutschland, dann machten sie sich ans Richten. Jetzt hingegen reden sie von einem Prozeß und schauen zu, wie Serbien seinen militärischen Erfolg stabilisiert. Der Vance-Owen-Plan gesteht den Serben in Bosnien und Hercegovina reichlichen Landgewinn zu. Daß Kroatien seine von den Serben besetzten Gebiete jemals zurückbekommen werde, davon ist in den UN nicht die Rede. Die Anklage gegen verantwortliche serbische Politiker und Militärs würde sich also gegen die Repräsentanten einer Siegermacht richten. Ob die Angeklagten dann zum Prozeß erschienen? Von den Westmächten ist nicht zu erwarten, daß sie die Auslieferung der serbischen Führer erzwingen. Serbien würde dem UN-Gericht nicht einmal Kriegsverbrecher niederen Ranges übergeben; denn auch die gelten einer breiten Schicht der serbischen Bevölkerung als Helden. Wieder einmal suchen die UN abzulenken.

24. Februar 1993

Hilfe von oben

Satt sterben

Bald werden amerikanische Transportflugzeuge über Ostbosnien Lebensmittel abwerfen. Der Hilfe bedürftig sind die von
serbischen Truppen eingeschlossenen vorwiegend muslimischen Städte und Dörfer. Doch die Flugzeuge sollen so hoch
fliegen, daß ein großer Teil der an Fallschirmen hängenden
Güter bei den serbischen Streitkräften landen wird. Washington und die UN wollen das sogar: Serbien soll die Aktion
dulden. So werden also die hungernden Belagerten und die gut
versorgten Belagerer gleichermaßen bedacht. Anders geht es
nicht, solange die Weltmächte auf dem Standpunkt verharren,
letztlich hätten die Serben zu bestimmen, welche Hilfe die
dem Völkermord ausgesetzten bosnischen Muslime bekommen. Schön, daß die Muslime, etwa im eingeschlossenen
Goražde, einige Tage lang etwas zu essen haben werden. So
können jetzt wenigstens manche von ihnen mit vollem Magen
sterben. Gegen die Aggression will Präsident Clinton ebensowenig etwas unternehmen wie die europäischen Regierungen.
Über den Fernsehbildern von den Milchpulver-Flugzeugen
wird ein Teil des Publikums das vergessen.

27. Februar 1993

Nahrungsmittel für die Serben

Erfolgreich nennt die amerikanische Regierung ihre Abwurf-
aktion in Ostbosnien. Der Erfolg gliedert sich in mehrere
Abschnitte. Ein großer Teil der Hilfsgüter kommt offensichtlich bei den serbischen Belagerungstruppen zu Boden. Denen
fehlt es an nichts, sie werden aus Serbien versorgt. Aber wenn
die Aggressoren nun auch amerikanische Lebensmittel bekommen, wird ihr Speisezettel vielfältiger, ihre Stimmung
noch besser. Und vor allem war es so gewollt: Die Amerikaner
haben von Anfang an verkündet, in den Genuß der Güter
sollten alle kommen, Serben ebenso wie Muslime. Es ist gut,
wenn man auf das Wort einer Weltmacht bauen kann. Andere
der abgeworfenen Container landen in der Nähe belagerter
Orte. Was dann passiert, kann sich jeder vorstellen. Verhun-
gernde rennen unbedacht los, wenn sie Nahrung sehen. Die
amerikanische Regierung hatte sich vorher vergewissert, daß
die Serben nicht auf die Transportflugzeuge schießen würden.
Daß die Serben unablässig auf die eingeschlossenen Städte und
Dörfer schießen, daran hat offenbar niemand denken wollen.
Im Feuer von Artillerie und Scharfschützen Pakete zu bergen
ist nicht einfach.

Sicherlich erreicht ein Teil der Hilfsgüter die Eingeschlossenen. Die serbischen Streitkräfte führen eine neue Offensive
gegen die belagerten Städte; schon ist Cerska gefallen. Dort
brauchen die muslimischen Bewohner nun wohl keine Lebensmittel mehr. Sie werden um ihr Leben laufen und nicht einmal
wissen, wohin. So könnte es überall gehen in Ostbosnien, wo
noch ein Ort den übermächtigen Belagerern standhält. Die
Serben werden die eroberten Städte und Dörfer ethnisch säubern.

Das schwache bosnisch-muslimische Heer steht vor dem
Zusammenbruch. Dann wird sich jegliche Hilfe für den Staat
Bosnien-Hercegovina erübrigen, weil es ihn nicht mehr gibt.
Aber vielleicht werden die serbischen Eroberer westliche Un-

terstützung verlangen, damit sie sich in den ethnisch gesäuberten Gebieten wohnlich einrichten können. Die westlichen Regierungen werden sich nicht lumpen lassen und nur darauf bestehen, daß ein wenig von dem Geld für die Millionen aus Bosnien vertriebenen Muslime und Kroaten übrigbleibe. Man soll den westlichen Staatsmännern nicht nachsagen, sie hätten keinen Sinn für Gerechtigkeit.

3. März 1993

Russische Waffenbrüder

Amerika möchte, daß sich Rußland jetzt an der Luftbrücke nach Ostbosnien beteiligt und später an der UN-Truppe, die eine eventuelle politische Regelung für Bosnien-Hercegovina durchzusetzen hätte. In Moskau besteht daran Interesse. Jelzin braucht Clintons Unterstützung. Russische Politiker aller Lager suchen ihr Land wieder als Weltmacht ins Spiel zu bringen. Was aber würde eine verstärkte russische Präsenz im untergegangenen Jugoslawien bedeuten? Die russischen UN-Soldaten, die schon ein Jahr in Ostkroatien stationiert sind, haben sich als proserbisch erwiesen. Sie machten mit den serbischen Streitkräften Geschäfte und ließen sie im übrigen gewähren. Es könnte gut sein, daß in Ostbosnien noch mehr Hilfsgüter bei den Serben herunterfallen werden, wenn russische Transportflugzeuge mitfliegen. Von russischen Bodentruppen in Bosnien-Hercegovina hätten Muslime und Kroaten nichts Gutes zu erwarten. Stark sind die Bindungen zwischen Rußland und Serbien; sie stammen aus geschichtlichen und konfessionellen Gemeinsamkeiten. Panslawismus wirkt mit. Aber sind denn nicht auch die Kroaten und die bosnischen Muslime Slawen? Schon, doch viele russische Panslawisten halten orthodoxe Slawen für bessere Slawen.

6. März 1993

Das neue Pulverfaß

In Bosnien, Kosovo und Mazedonien
sammelt sich Explosivstoff für Jahrzehnte

Die Politik der westlichen Mächte, die Serbien seinen Eroberungskrieg so gut wie unbehindert führen lassen, wird üble Folgen haben. Wie können die Regierungen so kurzsichtig sein?

Die Völker, die Opfer der serbischen Aggression geworden sind, können es nicht begreifen, daß Europa sie im Stich läßt und dem Völkermord zuschaut. Sie finden keine Erklärung dafür, daß die Welt angesichts des Mordens, Vertreibens und Verheerens ihre moralischen und rechtlichen Prinzipien vergißt. Lange Zeit werden die Kroaten und die bosnischen Muslime zu den westlichen Mächten kein Vertrauen mehr haben. Deren Regierungen mögen mit äußerster Kälte kalkulieren: Kroaten und bosnische Muslime werden immer auf uns angewiesen sein; sie werden sehen, daß ihnen niemand hilft. Solche Rechnung enthielte Fehler. Die Kräfteverhältnisse in der Welt sind nicht festgezurrt. Selbst wenn sie es wären – es ist unklug, Völker mit Mißtrauen zu erfüllen.

In der ganzen südosteuropäischen Region gelten die westlichen Mächte nun nicht mehr viel, bei den Serben ebensowenig wie bei deren Opfern. Die serbische Nation wird Staaten nicht achten, die sie so prinzipienlos und handlungsunfähig erlebt hat. Das wird die Belgrader Politik mitbestimmen. Sie wird in ihre Pläne die Westmächte nicht als Faktoren einsetzen, die zu fürchten oder auch nur sonderlich ernst zu nehmen wären. Die Nachbarn Serbiens werden in ständiger Angst leben. Auf solche Verhältnisse läßt sich keine stabile Ordnung bauen.

Zentrum der Instabilität wird Bosnien-Hercegovina sein. Es ist schon ungewiß, ob sich dieser Staat aufrechterhalten ließe, wenn die Westmächte oder die Vereinten Nationen im vorigen Jahr der Aggression der von Belgrad befehligten »Jugoslawischen Volksarmee« ein Ende gesetzt hätten. Da waren die Beziehungen zwischen den drei bosnischen Völkern schon vergiftet. Die Serben hatten ihren Krieg von Anfang an mit Massentötung und ethnischer Säuberung verbunden. Hätten die Muslime und die Kroaten das in kurzer Frist verwunden?

Auch zwischen Muslimen und Kroaten brachte der serbische Krieg gleich zu Beginn Zwist. In der Hoffnung, äußerster Willkür zu entgehen, setzten die Muslime auf einen Fortbestand Jugoslawiens, als längst offenbar war, daß die Belgrader Scheinföderation nur noch als serbische Gewaltherrschaft fortbestehen konnte. In diesem Irrtum stellte sich die bosnische Staatsführung die »Jugoslawische Volksarmee« als Garanten eines kleineren Übels vor, vertraute sie dieser serbischen Streitmacht ihr Land an.

So kam es, daß die bosnischen Muslime auf die serbische Aggression nicht vorbereitet waren. Die Last der Abwehr trugen längere Zeit allein die Kroaten. Ob die politischen Folgerungen richtig waren, die ihre Führung und die Regierung in Zagreb daraus zogen, darüber kann man streiten. Jedenfalls haben es auch Muslime und Kroaten in Bosnien-Hercegovina miteinander nicht leicht.

Unter solchen Bedingungen hätte es viel Energie, Geschick und Glück gebraucht, Bosnien-Hercegovina zusammenzuhalten. Aber immerhin hätten die serbischen Führer in Belgrad und in Bosnien, an den Grenzen ihrer militärischen Möglichkeiten angekommen, Grund gehabt, von ihrem Herrschaftsanspruch in Bosnien zu lassen. Deshalb hätte der Versuch eine Chance gehabt, den Staat als Föderation am Leben zu erhalten.

Jetzt kann daraus kaum noch etwas werden. Die Serben sind in Bosnien die bestimmende Macht, und sie wissen, daß ihren

Willen niemand beugen wird. Die Westmächte sind dazu nicht bereit. Die bosnischen Kroaten wären, auch mit dem kroatischen Staat im Rücken, dafür zu schwach. Weil sie glauben, ihnen bleibe nichts anderes übrig, treten sie mit den Serben einer Aufteilung Bosniens näher. Warum sollten dann die Serben ihren großserbischen Vereinigungsdrang dämpfen? Das Ende des Staates Bosnien-Hercegovina ist wahrscheinlich besiegelt. Aber die Muslime, ob in andere Staaten vertrieben oder in ihrer Heimat entwürdigt, werden sich damit nicht abfinden. Ihr Aufbegehren könnte sich verbinden mit Rache. Da ist politischer Explosivstoff für Jahrzehnte angehäuft.

Kroatien jedoch wird, sollte Bosnien-Hercegovina nicht mehr oder nur mehr auf dem Papier bestehen, mit Serbien eine viel längere Grenze haben als heute – mit einem Nachbarn, von dem immer Gewalt zu erwarten ist. Dazu wollen die Vereinten Nationen und die Westmächte offensichtlich Serbien seinen Landgewinn in Kroatien im großen und ganzen belassen. Frieden in der Region kann aus alledem nicht entstehen.

Nach seinem Erfolg in Bosnien und in Kroatien wird Serbien auch das Amselfeld ethnisch (hier von Albanern) säubern und serbisch besiedeln; es hat damit schon begonnen. Niemand kann annehmen, das benachbarte Albanien werde dabei nur zuschauen. Wenn die Regierung in Tirana sich nicht allein zu einer militärischen Intervention imstande sieht, wird sie Verbündete in der islamischen Welt suchen und schließlich finden.

Der südosteuropäische Brand mag noch auf Mazedonien übergreifen, welches die Großserben als ihren Besitz betrachten. Dann wird es sich rächen, daß die westlichen Mächte dem jungen mazedonischen Staat Stabilisierung versagten. Doch Bulgarien würde eine serbische Terrorherrschaft in Mazedonien nicht hinnehmen. Und würde die Regierung in Budapest stillhalten, wenn Serbien seine ungarische Minderheit

176

eines Tages nicht mehr nur unterdrückte, sondern ethnisch hinwegsäuberte?

Wer der serbischen Militärmacht in Kroatien und Bosnien freie Hand ließ, hat nicht nur zwei Völker dem Genozid überantwortet. Er hat auch einer Region Europas die Aussicht auf eine friedliche Zukunft genommen.

11. März 1993

Der Westen tut sein Bestes: Reden

Fünf Tage schon halten die Serben einen Hilfskonvoi an der Grenze zu Bosnien fest. Ihre Führer kündigen freie Durchfahrt an, aber dann wird nichts daraus. Unterdessen führt die serbische Artillerie ihre Vernichtungsaktion weiter. Niemand zählt die Muslime, die dabei sterben; von den Massakern wird die Welt später erfahren, sofern es Überlebende gibt. Mit dem bosnischen Serbenführer Karadžić führen im Auftrag der UN und der EG Vance und Lord Owen Verhandlungen, die sich immer länger hinziehen. In der verstreichenden Zeit kommt die serbische Führung ihren Zielen näher: einem von Nichtserben gereinigten Ostbosnien; der vollständigen Zerstörung des Staates Bosnien-Hercegovina; der Annexion seines größten Teils.

Alles das begleiten die westlichen Regierungen mit Reden, die sich so anhören: Was dort unten vor sich geht, ist natürlich nicht schön. Doch wir tun unser Bestes. Vance und Lord Owen basteln unermüdlich an einer neuen Verfassung für Bosnien-Hercegovina. Und dann unsere Lebensmittellieferungen. Und dann noch der beherzte General Morillon! – Die Regierenden der westlichen Länder haben sich nicht selber eingesetzt, die Völker haben sie gewählt. Vielleicht werden die Völker zu überlegen anfangen, was von so einer politischen Klasse zu halten ist.

18. März 1993

178

Vereinte Hilfe für Serbien

Milošević, der Friedensengel ?

Was wird sein, wenn die Serben den Plan von Vance und Lord Owen nicht unterschreiben? Der amerikanische Außenminister droht: Sie würden dann noch mehr in die Isolation geraten, und eine Aufhebung des Waffenembargos gegen Bosnien käme in Betracht. Die bosnischen Serben sind in einem Verband mit dem Staat Serbien; der hat bisher unter Isolation wenig zu leiden. Milošević weiß, daß manche westlichen Politiker eine ihrer Aufgaben in seinem Krieg darin sehen, Serbien vor Nachteilen zu bewahren. Der französische UN-General Morillon fährt zu Milošević wie zu einem Friedensengel. Darüber wird der Herrscher in Belgrad so unbekümmert, daß er die Repräsentanten der mit Völkermord überzogenen bosnischen Muslime und Kroaten nach Belgrad einlädt; dort sollen sie wohl unter seiner Schirmherrschaft mit dem bosnischen Serbenführer Karadžić reden. Serbien hat keinen Grund, in naher Zeit eine wirksame Ölsperre zu befürchten. Noch weniger spricht dafür, daß die westlichen Mächte den bosnischen Muslimen Waffen zukommen lassen. Tun sie es aber nicht bald, sind die Muslime militärisch gänzlich niedergeworfen. Wer mag sich vorstellen, daß dann die UN Serbien isolierten?

27. März 1993

Die Serben werden tot uns Totlachen!

179

Sanktionierter Kriegsgewinn

Es gibt Gründe, von einer Stabilisierung auf dem Gebiet des untergegangenen Jugoslawien zu sprechen. Was sich stabilisiert, ist Serbiens Kriegsertrag. Soeben haben die Vereinten Nationen das Mandat ihrer Truppe verlängert. In Kroatien festigen die UN-Soldaten mit ihrer Anwesenheit den serbischen Landgewinn. Ihre Aufgabe, die Rückgabe der von Serbien eroberten Territorien an Kroatien vorzubereiten, ignorieren die UN: weder Bitten noch Proteste der kroatischen Regierung ändern daran etwas. In Bosnien-Hercegovina kommen die Serben ihrem Kriegsziel näher, je mehr Muslime und Kroaten von den UN aus belagerten Städten weggeschafft werden. Den Plan von Vance und Lord Owen unterschreiben die Serben nicht. Er gerät immer mehr in Widerspruch zur militärischen Lage, die für Serbien von Tag zu Tag besser wird. Mazedonien bleibt die rechtliche Anerkennung versagt; die westlichen Mächte lassen Griechenland, das Serbien eng verbunden ist, seinen Willen. Auch das kann man in Belgrad als Stabilisierung verbuchen. Ein schutzloses Mazedonien wird sich serbischen Entschlüssen fügen müssen.

1. April 1993

Erschöpfende Sorgfalt

Noch mehr Zeit läßt sich der Sicherheitsrat der UN mit neuen Sanktionen gegen Serbien. Der Beschluß müsse sorgfältig vorbereitet sein, heißt es. Was haben Sicherheitsrat, Regierungen, Delegierte bei den UN bisher getan? Ein Jahr dauert der Mordkrieg gegen Bosnien-Hercegovina, den die bosnischen Serben zusammen mit dem Staat Serbien führen. Beistehen wollen die UN den Überfallenen nicht. Waffen liefern sie ihnen auch nicht. Sobald in einem Land Erwägungen hörbar werden, man solle das Waffenembargo gegen Bosnien aufheben – wie jetzt in Amerika –, reden einige westliche Regierungen und ihre Beauftragten ohne Rücksicht auf Sinn dagegen; sogar zu jeder erreichbaren Albernheit greifen sie. Der britische UN-Botschafter, zum Beispiel, verkündet, man dürfe Serben und Muslime nicht kämpfen lassen, bis sie alle vor Erschöpfung umfielen. Die Serben haben wenig Grund, vor Erschöpfung umzufallen. Aber wenn die Muslime keine Waffen bekommen, werden sie nicht erschöpft, sondern tot umfallen, erschossen oder massakriert. Davon spricht der britische UN-Botschafter nicht.

7. April 1993

181

Als wäre Kroatien der Aggressor

Bald haben die Serben in Bosnien ihre Kriegsziele erreicht – Zerstörung, Eroberung, Vertreibung der Nichtserben. Ermutigt von der Politik der westlichen Mächte, werden sie dann vielleicht einen neuen Krieg führen. Gegen wen?

Ein Eroberungskrieg gegen Mazedonien, das ihnen in die Augen sticht, wäre riskant. Niemand weiß, ob dann nicht die albanische Bevölkerungsgruppe sich an Albanien anzuschließen versuchte. Es könnte auch sein, daß Griechenland sein formloses Bündnis mit Serbien hintansetzte und sich Südmazedonien nähme. Ob Bulgarien solch bedrohlichen Veränderungen westlich seiner Grenze untätig zuschauen würde, ist ungewiß. Eine Intervention der Türkei, die das Gleichgewicht in der Region gefährdet sähe, wäre nicht auszuschließen. Vielleicht würden solche Aussichten die Westmächte dann doch aus ihrer Untätigkeit gegenüber serbischer Aggression reißen.

Ein anderes mögliches Ziel ist das Amselfeld, das Kosovo. Doch die Belgrader Führung muß damit rechnen, daß eine Militäraktion dort einige islamische Staaten mobilisieren würde, die schon die serbische Vertreibungspolitik in Bosnien aufgebracht hat. Zudem braucht Milošević das Militär auf dem Kosovo nicht. Da die Albaner dort kaum bewaffnet sind, genügt die serbische Polizei, um die Region zu serbisieren; sie hat damit längst angefangen.

Näher liegt die Gefahr, daß Serbien einen neuen Stoß gegen Kroatien richtet. Landgewinn dort reizt serbische Chauvinisten mehr als in Bosnien. Die Belgrader Führung mag noch weiter spekulieren: Wenn Kroatien bei einem zweiten An-

sturm zusammenbräche und in serbische Hand geriete, wäre
das großserbische Jugoslawien fast wieder beisammen; auf
Randregionen wie Slowenien kann Serbien verzichten. Dann
wäre das Machtbedürfnis der nationalistischen Großraumpoli-
tiker und Herrenvolk-Ideologen in Belgrad befriedigt. Dann
müßten die Kroaten wieder mit ihrer Arbeit Serbien das Geld
schaffen für weltpolitische Großmannssucht und mehrere
Nachbarn bedrohenden Militarismus.

Gegen solche Pläne steht die kroatische Armee. Sie ist seit
dem ersten serbischen Angriff gestärkt, besser organisiert und
ausgebildet worden. Sie hat heute mehr Artillerie und Panzer.
Doch ist sie darin den serbischen Streitkräften immer noch
weit unterlegen. Zu einer Luftwaffe hat Kroatien es bis heute
nicht gebracht. Daß die kroatischen Soldaten besser kämpfen,
nützt ihnen wenig in einem Krieg, den die Serben vor allem mit
schwerer Artillerie führen. Kroatien bricht unter der Last der
Flüchtlinge aus dem eigenen Land und aus Bosnien-Hercegovina wirtschaftlich zusammen. Wie sollte es einen zweiten
Verteidigungskampf durchstehen?

Von der Welt hätte ein neuerlich überfallenes Kroatien
wenig zu erwarten. Die meisten westlichen Regierungen behandeln das gemarterte Land abwechselnd gleichgültig und
feindselig. Von Rückgabe der serbisch besetzten kroatischen
Gebiete spricht allenfalls noch, verhalten, der deutsche
Außenminister; die anderen meiden das Thema. Die Serben
können mit ihrer Artillerie Dalmatien beschießen, wie sie
wollen – der Zorn der westlichen Regierungen bricht dann aus,
wenn die Kroaten mit einem sichtbar begrenzten Vorstoß ein
Stück ihres eigenen Territoriums in ihre Hand bringen, damit
die Serben nicht mehr mit ihrem Feuer auf das Nadelöhr an der
Küste den Staat Kroatien in zwei Teile getrennt halten können.

Niemanden in den westlichen Regierungskanzleien treibt es
um, daß Split von Zagreb ohne Gefahr nur per Schiff zu
erreichen ist. Niemanden interessiert es dort, daß die Serben
mit ihrem Schießen an der Adria den kroatischen Tourismus

vernichtet haben, den wichtigsten Wirtschaftszweig des Landes, das nun bettelarm geworden ist. Kroatische Politiker und Diplomaten sind entsetzt darüber, wie erniedrigend sie in westlichen Hauptstädten behandelt werden. Die Kroaten müssen sich vorkommen, als wären sie es, die einen Angriffskrieg geführt, eroberte Gebiete ethnisch »gesäubert«, Völkermord begangen haben.

In ihrer blinden Abneigung gehen westliche Staatsmänner so weit, Mangel an Demokratie und Freiheitlichkeit im ehemaligen Jugoslawien vor allem in Kroatien auszumachen. In Wahrheit haben die Leute, die heute in Zagreb bestimmen, Kroatien aus dem Leninismus heraus- und zu freien Wahlen hingeführt. Allerdings, sie gebrauchen die Macht, die sie legitim erwarben, hemdsärmelig bis rücksichtslos. Sie betreiben eine Personalpolitik, die Anhängern anderer politischer Gruppierungen nur geringe Chancen läßt. Das rührt daher, daß sie sich immer mehr von der Parole leiten lassen: »Wer nicht zu uns gehört, ist gegen uns.« Kritik können sie schlecht vertragen. Daher versuchen sie unentwegt, alle Massenkommunikationsmittel in ihrer Hand zu konzentrieren.

Kroatien ist eine Demokratie mit einigen autoritären Zügen, aber keine Diktatur. Die Opposition, vor allem die Sozialliberale Partei und die Bauernpartei, entfalten sich mit Wahlerfolgen. Gewiß verdient Machtmißbrauch auch unterhalb der Grenze zur Diktatur Tadel. Doch beim Maß des Tadelns sind die Umstände zu bedenken, in denen Kroatien seit Ostern 1991 lebt: Es ist, ohne seine Schuld, im Krieg, in Lebensgefahr, erschöpft. Zu verlangen, in einem solchen Land müsse es zugehen wie bei uns, ist weder gerecht noch vernünftig. Wem es um die Demokratie und die Freiheit in Kroatien zu tun ist, der soll dem Land zu seinem Lebensrecht verhelfen; der soll das Seine dafür tun, daß Serbien das von ihm besetzte Drittel Kroatiens zurückgibt, daß die serbische Militärmaschine nicht länger kroatische Provinzen verwüsten, Kroatien mit Kriegsterror bedrohen kann.

7. April 1993

Wirkungsloses Flugverbot

Die Vereinten Nationen raffen sich endlich auf, die bisher grenzenlose militärische Bewegungsfreiheit des Aggressors Serbien einzuschränken; da darf Deutschland nicht mit verschränkten Armen danebenstehen. Daran ändert nichts, daß der beschlossene Schritt militärisch geringe Bedeutung hat. Darauf können sich SPD und FDP nicht berufen, denn nicht deshalb prozessieren sie in Karlsruhe gegen die Bundesregierung. Einer Teilnahme Deutschlands an wirksameren militärischen Maßnahmen gegen Serbien hätten sie noch heftiger widersprochen.

Wenn von Montagmittag an die UN das Flugverbot über Bosnien durchsetzen, wird das die serbischen Streitkräfte wenig stören. Sie brauchen zum Kriegführen in Bosnien keine Flugzeuge. Selbst auf die Flüge der Hubschrauber, die sie zum Versorgen einzelner Truppenteile einsetzen, können sie verzichten. Allenfalls kommt in Betracht, daß die serbische Führung nachdenklich wird, da nun zum erstenmal die UN den wirtschaftlichen Sanktionen, die sie ausdehnen wollen, eine militärische anfügen. Doch Milošević weiß, daß sogar die amerikanische Regierung davor zurückscheut, dem Aggressor in den Arm zu fallen; daß die britische und die französische entschieden dagegen sind; und daß Rußland schützend vor Serbien steht.

Die angekündigten schärferen Sanktionen braucht Serbien nicht mehr zu fürchten als die früher verhängten. Eine Weltorganisation, die nach zwei Jahren serbischen Angriffskrieges prüft, ob die Bankguthaben des Angreifers im Ausland einzu-

185

frieren seien, bringt einschneidende Sanktionen sicher nicht zustande.

Vereinte Nationen und westliche Mächte, Deutschland eingeschlossen, möchten mit dem durchgesetzten Flugverbot auch darüber hinwegtäuschen, daß sie sich ihrer Verantwortung angesichts des serbischen Krieges in Bosnien bis zum Ende entziehen. Daß es Völkermord-Krieg ist, hat nun der Internationale Gerichtshof bestätigt. Zu der bosnischen Forderung, endlich das Waffenembargo aufzuheben, hat er aber nichts gesagt. Die Westmächte wünschen in Bosnien-Hercegovina eine »politische Lösung«. Und wirklich, mit ihrer Politik löst sich der Fall Bosnien: bald sind die serbischen Kriegführer mit dem Erobern, Töten, Vertreiben am Ziel.

10. April 1993

und daher mitschuldig am moslemisch-kroatischen Konflikt!

Serbien kann seinen Krieg fortsetzen

Weit sind die Vereinten Nationen und an ihrer Spitze die westlichen Mächte von der Wirklichkeit und den Notwendigkeiten in Bosnien abgeirrt. Ihren Beschluß über neue Sanktionen gegen Serbien lassen sie erst wirksam werden, nachdem die Anführer der bosnischen Serben den Plan von Vance und Lord Owen abgelehnt haben. Dieser Plan ist längst überholt – von der serbischen Eroberungspolitik, der die großen Mächte freien Lauf ließen. Niemand konnte erwarten, die Serben würden in Bosnien die Territorien zurückgeben, die der Plan von Vance und Lord Owen den Muslimen zudenkt. Sie wollen den bosnischen Staat auslöschen und sein Gebiet annektieren; einige Regionen gestehen sie den bosnischen Kroaten zu, die den Staat Kroatien im Rücken haben und darum nicht so leicht zu besiegen und zu vertreiben sind wie die Muslime.

Wie das in großen Zügen auszuführen ist, darüber bestimmt Belgrad, der Kriegsherr in Bosnien, ohne dessen militärischen Beitrag der Serbe Karadžić in Bosnien nicht siegen könnte. Doch hat man in Belgrad offensichtlich überlegt, ob die bosnischen Serben den Plan nicht zum Schein unterschreiben sollten. Denn auch danach hätten sich Erobern und Säubern noch eine Weile fortsetzen lassen. Und Serbien wäre dann den neuen Sanktionen entgangen. Sie sind zwar nicht von der Art, daß Serbien (mit seinem Satelliten Montenegro) davon seinen Zusammenbruch befürchten müßte. Doch unangenehm muß es der Führung in Belgrad schon sein, wenn ihr Land immer mehr vom Warenverkehr abgeschnitten wird. Hätte Milošević in Belgrad es unbedingt gewollt, wäre Karadžić nichts übriggeblieben, als zu unterschreiben. Aber in Belgrad entschied man sich anders.

Serbien kann seinen Krieg fortsetzen. Die Außenminister der EG schließen Luftangriffe nicht mehr aus. Aber den Muslimen in Bosnien helfen sie nicht mit dem, was sie nicht ausschließen, sondern nur mit dem, was sie tun. Nicht einmal das absurde Verbot, den Muslimen Waffen zu liefern, heben sie auf. Sie befürchteten eine Eskalation, sagen sie. Zehntausende Muslime und Kroaten sind in Bosnien ermordet, verstümmelt, vergewaltigt worden; das war die höchstdenkbare Stufe der Eskalation, der die westlichen Regierungen untätig zuschauten. Der Völkermord geht weiter. Der Westen aber friert serbische Auslandskonten ein, auf denen längst kein Geld mehr ist.

27. April 1993

Nachwort

»Seit bald zwei Jahren führt Serbien (zusammen mit Montenegro) Eroberungs- und Unterwerfungskriege gegen mehrere
seiner Nachbarn«, heißt es im ersten Beitrag dieses Buches. »In
dieser ganzen Zeit ist auf dem Territorium Serbiens (abgesehen
von ein paar Granaten über die Save) kein Schuß, keine Bombe
gefallen ... Wann hat je ein Aggressor solche Sicherheit genossen?« fragt Johann Georg Reißmüller den tatenlosen Westen.
  Der Beitrag ist zuerst in der »Frankfurter Allgemeinen Zei-
tung« erschienen; die anderen Beiträge des Buches ebenfalls.
Sie stammen aus einem Zeitraum von nur sechzehn Monaten
und spiegeln doch eine Tragödie wider, deren Folgen weiter-
wirken werden. Denn Serbien hat, wie der Autor schreibt,
»eine Region in Europa in ein Menschenschlachthaus verwandelt«, vor dem zwar die meisten westlichen Politiker die
Augen verschlossen haben, das aber lange im Gedächtnis der
Völker bleiben wird, deren Angehörige vor unserer Haustür
vertrieben, geschändet oder ermordet worden sind.

Deutsche Verlags-Anstalt
Stuttgart, Anfang Mai 1993

189